销售心理学
不懂心理学，你还敢做销售

梁银亮　编著

企业管理出版社
ENTERPRISE MANAGEMENT PUBLISHING HOUSE

图书在版编目（CIP）数据

销售心理学：不懂心理学，你还敢做销售 / 梁银亮编著.
—北京：企业管理出版社，2018.7

ISBN 978-7-5164-1751-5

Ⅰ. ①销… Ⅱ. ①梁… Ⅲ. ①销售－商业心理学
Ⅳ. ①F713.55

中国版本图书馆CIP数据核字（2018）第151353号

书　　名	销售心理学：不懂心理学，你还敢做销售
作　　者	梁银亮
责任编辑	蒋舒娟
书　　号	ISBN 978-7-5164-1751-5
出版发行	企业管理出版社
地　　址	北京市海淀区紫竹院南路17号　　邮编：100048
网　　址	http://www.emph.cn
电　　话	编辑部（010）68701661　发行部（010）68701816
电子信箱	26814134@qq.com
印　　刷	北京宝昌彩色印刷有限公司
经　　销	新华书店
规　　格	170毫米 ×240毫米　　16开本　　12印张　　235千字
版　　次	2018年7月第1版　　2018年7月第1次印刷
定　　价	48.00元

版权所有　翻印必究 · 印装有误　负责调换

前言 FOREWORD

为什么费尽心思说了半天，客户就是不为所动？

为什么信誓旦旦反复承诺，客户依然持有怀疑？

为什么滔滔不绝地介绍，客户仍然说 NO？

为什么开始你们相谈甚欢，最后客户却投入了竞争对手的怀抱？

因为你不懂客户的心！

毋庸置疑，销售是一项伟大的工作，同时也是一门艺术，更是一场心理战。如果你想突破目前的销售困境，提升自己的销售业绩，成为受人瞩目的金牌销售，那就需要认真学习"销售心理学"。一名成功的销售员一定是能够洞察人心的心理学家。销售员不仅要了解产品，还要谙熟客户心理，并在沟通、谈判中运用心理学知识和销售技巧达到成交的目标。

心理学在销售中如此重要，却被许多销售员忽略。不懂心理学的销售员，犹如在茫茫夜色中航行的轮船，一不小心就会撞上冰山。掌握客户的需求、打开客户的心门、消除客户的疑虑、卸下客户的心防，这样的销售员才能在激烈的市场竞争中立于不败之地。

其实销售就是一场心理战，是销售员与客户之间心灵的较量。在决定销售成功的因素中，销售员的产品知识只占2%，剩下的98%则取决于销售员能否理解客户的心理和行为，销售其实就是心理较量。心理学既可以帮助销售员了解客户的心理，也可以帮助销售员修炼自己的心理。销售的成功之路，从懂得销售心理学开始。

具体来说，应用销售心理学的关键是在洞察客户心理、了解客户偏好的基础上引导客户的思维和行为，激发其潜在的购买欲望，强化其隐藏的购物冲动。

一旦遇到棘手问题，销售员还要学会利用各种心理效应和技巧掌控客户心理，进而化解销售难题。

本书从心理学效应、身体语言、客户性格、心理暗示、心理引导等方面详细介绍销售心理学的知识。通过详细的方法论和全面的理论分析，本书可以帮助销售员真正"读懂"销售心理学，全面掌握销售签单的实战技巧。除了对客户心理深入剖析外，本书的特色在于列举大量的实战销售案例，这为一线销售员提供了真实有效的销售技巧和话术，让其能够在最短的时间内掌握客户心理，创造非凡的销售业绩。

无论是摸爬滚打多年的销售老手，还是刚刚踏上销售之路的新手，无论是率领团队的销售经理，还是奋战在前沿的一线销售员，通过阅读本书都可以掌握更多的关于销售心理学方面的知识，学会洞察客户的心理需求、突破客户的心理防线、解除客户的心理包袱、赢得客户的心理认同，迅速成为出类拔萃的销售高手。

编　者
2018 年 3 月

目录 CONTENTS

第一章

运用心理学效应，看穿销售成交背后的秘密

一、焦点效应：把关注点挪到客户身上，让客户开怀畅谈 /2

二、留面子效应：运用下门槛技术，让客户不忍拒绝第二次 /4

三、攀比效应：别人也在用，你怎么能少得了 /5

四、稀缺效应：物以稀为贵，越少越想得到 /7

五、登门槛效应：用小要求做诱饵，不断"得寸进尺" /8

六、首因效应：留下美好的第一印象，事半功倍 /11

七、从众效应：大家都在用，肯定错不了 /14

八、权威效应：他是行家，跟着他走不会错 /16

九、禁果效应：你越不想卖，客户越想买 /18

十、凡勃伦效应：贵就对了，只买贵的 /20

第二章

把完美的第一印象留给客户，让客户一见面就喜欢自己

一、开场白不应苍白，用一席话推开沟通大门 /23

二、形象是自身名片，映入眼帘即应深入人心 /25

三、见面礼仪要遵守，打造专业靠谱的销售员形象 /26

四、初见客户，不要给其留下强行推销的感觉 /29

五、记住客户名字，是对客户最好的恭维 /31

六、幽默风趣娴雅谈，好人缘不请自来 /33

七、让客户"好为人师"，无缝连接自己的产品话题 /35

八、发现客户的兴趣爱好，多聊他感兴趣的事 /37

九、引导客户说出诉求，有针对性地解决问题 /39

第三章

掌握"快熟"法则，用高效沟通拉近与客户的距离

一、给客户讲故事，引发客户的强烈共鸣 /43

二、说话要留有余地，不能说得太满 /45

三、仔细倾听，用耳朵俘获客户的心 /47

四、恰如其分的赞美，是客户最乐意听到的话 /49

五、喋喋不休是大忌，只会耗尽客户的耐心 /51

六、提高亲和力，用柔性磁场圈住客户 /53

七、打破客户戒备的外壳，使其露出信任的内心 /55

第四章

摸清客户心理需求，投其所好才能钓到"大鱼"

一、没有最懒，只有更懒，要让客户懒得舒心 /59

二、让客户获得内心满足，激发客户购买动机 /60

三、不让客户占便宜，而是让他感觉占了便宜 /61

四、使客户宾至如归，才能让客户卸下防备 /62

五、打造参与感，让客户有一种做主的感觉 /64

六、引起客户好奇心，销售已经成功一半 /67

七、让客户觉得买得便宜，满足砍价的成就感 /69

八、给客户吃定心丸，满足其安全感 /70

第五章

破译客户身体语言密码，读懂话语背后的潜台词

一、由眼及心，眼睛是心灵的永不关闭的窗户 /74

二、察眉观色，看客户的眉毛如何"传情达意" /75

三、解读双手动作含义，看透客户内心秘密 /77

四、步步识心，揭开走路姿势的面纱 /78

五、客户抚摸下巴，给其时间思考和决定 /80

六、坐姿暗藏玄机，巧识客户不安的内心 /82

七、客户点头如"鸡啄米"，这不一定是感兴趣的体现 /84

八、根据空间距离，丈量客户的心理距离 /86

九、从客户吃的喜好看透其不同的性格 /88

第六章

摸透客户性格，寻找不同客户的心理突破点

一、犹豫不决型客户：解决其困惑，帮助其做出决定 /92

二、分析型客户：耐心讲解，使其觉得物有所值 /93

三、标新立异型客户：给他独特的体验和产品 /95

四、炫耀型客户：适当恭维，为其提供满足虚荣心的产品 /96

五、专断型客户：尽量服从，满足他的支配欲 /98

六、随和型客户：切忌狂轰滥炸，用真诚为客户制造压力 /99

七、挑剔型客户：满足其欲望，他会是最忠诚的 /101

八、沉默寡言型客户：循循善诱，解答其心中疑惑 /102

九、墨守成规型客户：想方设法让他明白产品用途 /104

第七章

心理暗示引导客户，让客户产生自发购买的冲动

一、先用免费拴住客户的心，再让客户心甘情愿付费 /107

二、采用差别定价策略，以不同价格适应不同的客户 /108

三、播放背景音乐，让客户在心底律动的呼唤下付款 /110

四、色彩设计非同小可，要让客户的"好色"之心蠢蠢欲动 /112

五、陈列得当，科学布置能带来新鲜感 /114

六、假设已经成交，启动客户的成交信号 /116

七、制造紧迫感是催促客户成交的撒手锏 /118

八、营造购买气氛，激发客户的购买兴趣 /119

九、节省客户等待时间，让购买过程更简便 /121

第八章

攻破客户心理壁垒，让客户心服口服

一、专业赢得信赖，熟悉自己的产品，客户才会放心购买 /124

二、主动承认缺点，客户会认为瑕不掩瑜 /125

三、贬低竞争对手，无形之中会给自己抹黑 /126

四、嫌货才是买货人，挑产品毛病不代表不买产品 /128

五、不要和客户争辩，你赢了也就输了 /129

六、暗盘优惠，这份独享会是客户买下产品的小秘密 /131

七、善用对比，让客户对产品的优点和不足一目了然 /132

八、拿数据说话，客观公正的阐述更易令人信服 /133

第九章

有条不紊地引导客户，消除客户说"不"的可能

一、探寻式提问，提出新话题，让客户有话可说 /136

二、苏格拉底问答法让客户一直说"是" /137

三、选择并非越多越好，不要给客户第三种选择 /139

四、互惠原理让客户心里产生亏欠感 /140

五、制造感动，口碑升级，客户哪还有理由不买 /141

六、为客户提供极佳娱乐体验，激发高昂的消费情感 /143

七、真情流露更具有煽动性，用真诚打动客户的心 /144

八、少说"我"，多说"我们"，对客户的重视不容忽视 /146

第十章

异议是成交的前奏，化解异议为成交开路

一、客户揪出产品缺点：巧妙地把缺点转化为卖点 /149

二、客户对产品有偏见：耐心解释，让客户对产品有新的认识 /150

三、客户总是"哭穷"：分解价格，让他"不差钱" /152

四、客户说自己做不了主：刺激他的痛点，使其做出决定 /153

五、客户觉得价格太贵：声东击西，先说产品再说价格 /154

六、客户想去别的地方：让其货比三家，还愿意回来购买 /156

七、客户害怕产品质量问题：免费试用，消除其对质量的担忧 /157

第十一章

进退有度，有节奏地扩大销售战果

一、适当让步，有原则地与客户进行条件博弈 /160

二、占据心理优势，在气场上压倒客户 /161

三、欲擒故纵，让客户急着和你成交 /163

四、借助第三者的力量游说客户，达成一致 /165

五、故意冷淡不理睬，吊足客户胃口 /166

六、假装离场，在底线上迷惑对方 /168

七、事先渲染最坏情况，给客户内心制造心理势差 /169

八、勿锋芒毕露，守好自己的底牌 / 170

第十二章
主动出击找契机，踢好成交的临门一脚

一、满足客户心理价位，留住客户脚步 / 173

二、现场演示，打消客户对产品的疑虑 / 174

三、学会让利，双方各退一步 / 176

四、给客户留一点悬念，客户会更迫不及待 / 177

五、引导客户许下承诺，让客户自己说服自己 / 178

六、让客户顺便买到互补商品，扩大销售量 / 179

七、捆绑销售，用价格优惠多卖货 / 181

第一章

运用心理学效应，看穿销售成交背后的秘密

销售员不仅要能说会道，还要成为精明的心理学家。因为销售是销售员和客户之间心与心的互动，谁能掌握客户内心，谁就能成为销售王者！心理效应是心理学中总结的常见心理规律，只要销售员能够灵活运用，就能产生强大的销售磁场，吸引客户关注，扩大销售战果。

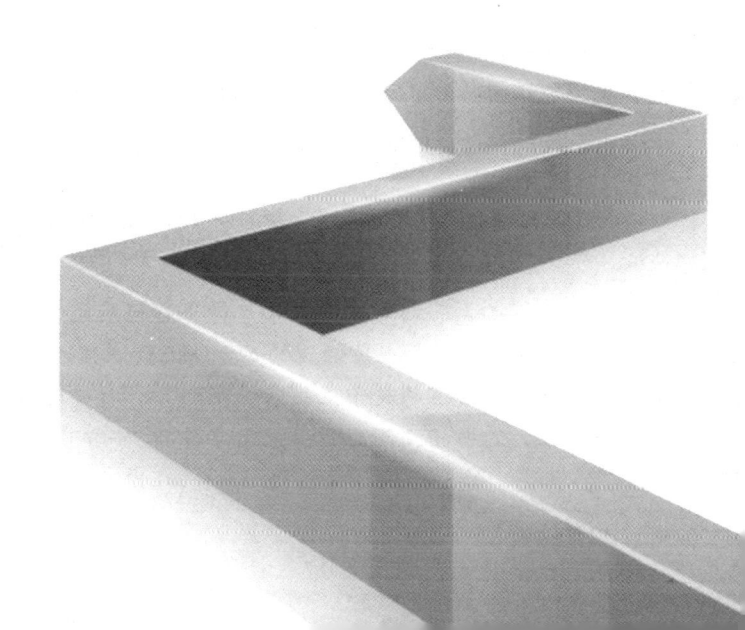

一、焦点效应：把关注点挪到客户身上，让客户开怀畅谈

你是不是曾经因为在某次行业聚会上把饮品撒了一身，弄脏了精心准备的衣服而懊恼良久？你有没有曾经在客户办公室不小心摔倒，然后在两秒钟内迅速起身，装作若无其事的样子？你会不会因为穿着一件新买的名牌衬衫，然后认为客户在见到你时会眼前一亮？

我们总认为别人会对我们倍加注意，但实际上并非如此。我们对自我的感觉占据了我们内心世界的重要位置，不自觉地放大别人对我们的关注程度，而且通过自我关注，我们会高估自己的突出程度。这就是心理学中的焦点效应。

焦点效应代表了心理学中公认的一个事实——人都是以自我为中心的。这不仅是心理学中的一个理论，在日常生活中也是非常常见的。无论是在人际交往中还是工作生活中，我们都可以运用焦点效应来为自己服务，例如焦点效应常常成为销售员的公关手段。

推销产品是一项具有挑战意义的工作。在推销产品的过程中，很多销售员总是显得目的性太强，开门见山地将一大堆推销话语砸向客户，让其避之不及，"我们的产品质量……""我们的产品有很多特点……""我们最近在搞优惠……""您对……有兴趣吗？"

谁都不愿意关注别人的事，特别是对陌生的客户来说，他们更不愿意浪费自己的时间去听销售员讲与其无关的事情，因为他们关注的是自己和自己的事情。

西格蒙德·蒙洛伊德曾说："每个人都有想要成为伟人的欲望，这是推动人们不断努力做事的原动力之一。"可以说渴求别人的重视，是人类的一种本能和欲望。客户在购买商品的过程中，同样也体现出这种心理，希望自己成为外界关注的焦点。所以，销售员在面对客户时，如果能表现出自己对客户的关注，那将有利于拉近彼此的距离，打破对方的心理防线，从而进一步了解客户的需求。

案例1　用书法搭建双方的沟通之桥，盘活"僵局"

一次，王博到一位黄姓客户那里推销陶瓷材料。王博一进门，就看到黄经理在打电话，于是在黄经理的示意下王博在椅子上坐下，等待通话结束。这时，王博发现黄经理的桌子上摆着一张照片，黄经理身着博士服。黄经理的背后是一个很大的书柜，侧面是一幅书法作品，"穷且益坚，不坠青云之志"。下面的

第一章
运用心理学效应，看穿销售成交背后的秘密

落款正是黄经理的名字。

五分钟后，黄经理放下电话，王博站起来递上名片。因为是初次见面，黄经理显得十分警惕。王博面带笑容地说："黄经理，您是哪所大学的博士啊？像您这样既是这么大的公司的董事长，又是学识渊博的博士，真是很少见，很不容易啊！真是佩服您。"

听到王博的夸奖，黄经理笑着说："我是××的博士，这也没什么，主要是我平时……你主要是做什么的？"

这时黄经理的警惕性已经少了一大半，王博简单地做了自我介绍，然后双方针对产品进行交流。王博在陶瓷材料行业工作多年，非常熟悉市场情况，无论是陶瓷产品特性还是同行竞品，他都十分了解。

商谈一段时间后，王博感觉到黄经理的购买意愿较强烈，因为黄经理表示非常有必要把这个工作操作起来。不过，当王博报出105100元的报价时，黄经理一下子紧张了起来，谈话出现了僵局，双方陷入了沉默中。

不过，这对王博这个销售老将来说并不是什么大事，在销售过程中这种事经常发生，他已经司空见惯了，如果什么时候直接成交反倒是令人稀奇。他没有在报价上继续纠缠，而是转过头去看了一眼那幅书法作品，然后故作惊讶地说："黄经理，您这幅书法真棒，写得很有神韵，这是您自己写的吗？"

黄经理笑了两声，说："是我写的，我以前学过书法……"经过十几分钟的"闲聊"后，双方再次回到主题上，经过短暂协调和让步后，这笔交易顺利完成。

销售员初次接触客户的时候，一定要多多谈论与客户有关的事情。首先，销售员要学会观察，从细微处发现与客户有关的有价值的东西，如客户案头的书、摆件、衣着配饰等，这些小细节可能在关键时刻发挥着出人意料的作用。其次，销售员的话语要详略得当，不要看到什么说什么，否则客户会认为你对他有某种企图，进而产生戒备心理。再次，话题重点要突出，产品交易方面的问题，如报价、合同等要及时与客户沟通。最后，话题贵精不贵多。如果双方的谈判出现了僵局，那么销售员可以将话题引导到客户身上，缓解紧张尴尬的局面。

> **销售技巧**
>
> 生活就是一个舞台，每个人都希望扮演聚光灯下的主角，渴求他人的重视，这是人的一种本能和欲望。销售中，销售员要抓住客户的这种心理，让他充当主角，让话题围绕他展开，这样会使销售工作局面大开，顺利成交！

二、留面子效应：运用下门槛技术，让客户不忍拒绝第二次

查尔迪尼等人曾做过一个研究——"导致顺从的互让过程：门面技术"。他们先是要求一群大学生担任一个少年管教所的义务辅导员，任期两年。结果不出所料，对这件费神费力的工作，几乎所有人都婉拒了。接着他们提出一个小要求，希望这群大学生能够带领少年们去动物园玩一次，竟然有 50%的人接受了这个要求。与之相对应的是，当试验者们直接向大学生提出这一要求时，仅仅有 16.7%的人表示同意。

据调查，那些拒绝了第一个大要求的人们认为，拒绝第一个要求损害了自己富有同情心、乐于助人的形象，为恢复自己的利他形象，便欣然接受了第二个小要求。可带领少年们去动物园也是一件很费神的工作，为什么在提出此要求之前设置一个更为困难的要求后，会有高达 50%的人欣然接受呢？这就涉及了一种心理学效应：留面子效应。

人们都有给对方保留面子的心理倾向。当自己对某人提出一个很大的、会被拒绝的要求，接着向他提出一个小要求时，他接受这个小要求的可能性比直接向他提出这个小要求而被接受的可能性大得多。

当我们想让别人办某事之前，可以提出一个他不大可能做到的事情，等他拒绝且怀有一定歉意后，我们再提出自己真正要让对方办的事情。由于前面的拒绝，对方往往为留些面子会尽力接受最后这项要求。留面子效应是销售员必须掌握的法宝之一。

留面子效应在销售行业特别常见，销售员往往先开出一个客户不能接受的"天价"，然后当客户砍价的时候再逐渐降低价格，结果就是令人满意的"双赢"，客户买到自己满意的东西，销售员完成自己的任务，得到了"佣金"。所以，销售员一定要会运用留面子效应，让客户高高兴兴地"上当"。

案例 2　"先大后小"，上千万的产品顷刻间被售出

某酒厂新推出一款白酒，可是产品上市后反应平淡，订货寥寥无几，大批成品积压，资金周转紧张。面对困境，负责人一筹莫展，苦思良久后，他终于想到一个办法。

首先，他趁着白酒销售旺季在当地举办一场全国性白酒展览会，邀请全国一百多家经销商参展，负责所有经销商的路费、住宿等费用。于是经销商纷至沓来。

客户到了以后，厂家立即安排他们参加展览会，然后把他们集中到厂里召开一个内部交流会。会上酒厂一方提出要求，希望大家协助酒厂在当地开一家酒品专卖店，并把开店的费用逐项列了出来，大概要几十万元。这下所有的客户都沉默着，因为几十万元可不是一个小数目。

见时机成熟，酒厂方面马上按计划提出第二个条件：如果大家觉得开专卖店有困难，那就下一步再说，但现在还是先请大家带点儿货回去试销一下，如果销量好，大家对我们的品牌有信心了，我们再谈专卖店的事情。这时候，现场中早已安排好的人马上站起来，表态支持酒厂的决定，要求订货。这就把现场的气氛带动起来了，众人纷纷响应。没用多长时间，价值上千万元的白酒就全部销售出去了。

这里的白酒厂运用的就是留面子效应，先是提出开专卖店的要求，运用因经销商拒绝而产生的歉意，再提出订货的要求，如此一来，经销商们自然不好意思拒绝，而且相比于几十万的投资，订一点货显得易于接受。如果白酒厂直接要求经销商订货，可能会遇到很大的麻烦。

销售过程中，销售员要会运用留面子效应，让客户心甘情愿地掏钱。

> **销售技巧**
>
> 留面子效应并不是放之四海皆准的，它的效用取决于对方的歉意程度和要求的合理程度。如果双方素昧平生，却想着让对方答应一些有损其利益的事情，这时候"先大后小"也没有用。如果双方关系很好，那对方自然无法拒绝要求了。

三、攀比效应：别人也在用，你怎么能少得了

"虚荣是我最爱的原罪"。这句话可以说是对当下人们攀比心理最精辟的描述。攀比效应是人们对一项产品、服务或身份的竞相追逐，并且在一部分群体中逐渐形成一种趋势，大到家世背景、工作收入，小到手机汽车、消费娱乐，大家都希望拥有或体验，否则就会感到低人一等。

生活中的每个人都会忍不住和别人比较，赢了窃窃自喜，输了暗暗自卑。很多攀比可能连自己都没有发觉，比如同事之间互相打听薪资，同学之间询问分数，亲

戚朋友之间的各种自夸，这些行为便是人们潜意识里的攀比心态的具体体现。

攀比效应几乎是消费领域中最常见的营销现象。从一款名牌手袋到一辆内置宽屏导航功能的汽车，消费者往往并不是从使用需求角度出发进行消费，这类消费者购买一个名牌手袋，往往只是因为"同事前几天买的这款手袋是最新款的，我也应该拥有一个"而已。当我们把手中的iPhone手机从1一直更新到X时，难道是因为最初的手机真的不能满足使用需求了吗？

攀比效应是销售员手中的一把"利器"。如果销售员掌握好客户的攀比心理，利用这种心理进行推销，那么业绩会好得多。很多客户的购物目的就是满足自己的虚荣心，如果销售人员能在恰当时刻说几句贴心的话，生意自然会变得越来越好做。

案例3　销售员巧借攀比效应，让一对新人开心选购铂金首饰

一天，一对年轻人来到珠宝店挑选首饰，在挑选的过程中他们看上了一对铂金戒指。女孩儿拿着戒指左右打量，爱不释手。但是这枚戒指价格昂贵，女孩儿一时间有些犹豫不决。

这时，销售员郭淼走来说："首饰选得很漂亮啊，是给这位美女的生日礼物吗？"

女孩儿说："是为我们结婚准备的。"

郭淼马上接口："那可要恭喜您二位了！祝你们白头偕老！"稍做停顿后他继续说："铂金代表着纯洁的爱情，是身份和地位的象征，代表着爱情的恒久不变。现在很多像你们一样的新人都喜欢佩戴铂金戒指。"

两人已然心动，但是在昂贵的价格面前还是无法决定。

见到两人还有点犹豫不决，郭淼说："是不是觉得价格贵啊？结婚是一辈子只有一次的事情，怎么能让自己委屈将就呢？现在的年轻人结婚都喜欢佩戴铂金首饰，第一是颜色比较搭配，第二是显得更加高贵、有气质。您的朋友们有近几年结婚的吗？您可以问一下，他们基本上都会选择铂金首饰。作为过来人，我建议你们一定要买铂金的结婚对戒，在婚礼上互换戒指作为永恒的承诺！"

听郭淼说现在的新人都选择铂金首饰作为婚礼上的配饰，这对年轻人再也忍不住了，女孩儿还没说话，男孩儿就开始点头称是，表示不仅要买一对铂金戒指，还要买一条铂金项链，一定不要让爱人留下遗憾。

虚荣，其实是一份并不理性的情感。好攀比的客户通常追求名牌和流行，而且喜欢比价。但是对销售员而言，这就是一个绝佳的机会。要抓住这类客户，我们就要在销售活动中着重强调品牌知名度和流行程度，让客户有一种非买不可的冲动，哪怕他们真的不需要。

| 第一章 |
运用心理学效应，看穿销售成交背后的秘密

> **销售技巧**
>
> 多数攀比者喜欢拿自己身边的人作为主要的攀比对象，在快速达到自己想要的效果后，又继续找别人攀比，不断往复。因此，销售员激发客户攀比心理时最好用与其身份、地位相近的人，"很多像您一样的……"

四、稀缺效应：物以稀为贵，越少越想得到

由于人们害怕失去或得不到，会对稀有的东西怀着本能的占有欲。这就是心理学中的稀缺效应。

鲁迅先生曾在《藤野先生》一文中说过这样一段经典的话："大概是物以稀为贵吧。北京的白菜运往浙江，便用红头绳系住菜根，倒挂在水果店头，尊为'胶菜'；福建野生着的芦荟，一到北京就请进温室，且美其名曰'龙舌兰'。"

在销售活动中，这种心理尤为明显：越是稀少的东西，人们越是想买到它，哪怕自己并不需要。利用人们的稀缺心理，销售员在销售中可以用"名额有限""仅有一次""最后机会"等方式来营造一种稀缺氛围，吸引客户前来购买和消费。

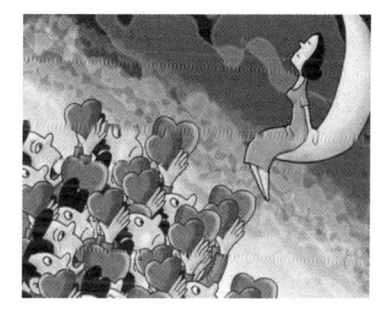

在具体的销售过程中，销售员可以根据市场信息或者与自己推销的商品有关的行情，营造出一种畅销、紧缺的氛围，让客户觉得现在就是购买的最好时机，现在不买以后一定会后悔。

一般来说，制造稀缺效应可以采取两种方式，一是限量，利用产品的限量款等特征打动客户；二是限时，利用限时优惠或限时抢购吸引客户。

① 限量：发行量小，人为地制造短缺。

② 限时：利用秒杀、抢购等方式让客户产生稀缺感。

案例4　水晶打火机只摆不卖，稀缺效应让烟草店名声大噪

某烟草店主要经营高档烟草，生意一般，不过，最近这家店因为店主搞了一次很特别的商业活动而名声大噪。

原来，店主在店里新增了一个打火机柜台，摆出了各式各样的高档打火机，更特别的是出售各种各样的市面上很难买到的老式火柴。高档打火机中有一个是店主请珠宝加工商用水晶精心制作的，打火机上刻有该店的店名，该店名是用金粉镶嵌的，而这个水晶打火机也标到了10000元的天价。另外，店主搜集了以前各地火柴厂生产的目前已经停产的火柴，陈列在柜台里，每盒火柴的价格也非常高，其中最贵的开封火柴竟然标价500元一盒。

此柜台摆出来不久，便吸引了非常多的烟民，大家竞相提价抢购水晶打火机和这些非常稀少的火柴，议购价居然一涨再涨，水晶打火机涨到了50000元，火柴也涨到了2000元，简直是当时的一大怪谈。

更令人不解的是，店主坚决不售，说只是陈设品。大家就不服气了，为什么标价的商品却是陈设品，不出售标价摆出来干吗？局面闹僵了反而使更多的人关注这件事情，有些人将这件事告到了烟草局，但是烟草局认为该行为是纯粹的商业行为，没有违反烟草专卖的制度规定，因而烟草局无权干涉。官方介入此事，使得该烟草店街巷尽知，烟草店的生意也日益兴隆。

案例中的店主迎合了人们追求稀缺品，喜欢获取独一无二的商品，寻求新奇刺激、与众不同的消费心理，使本来门庭冷落、毫不显眼的商店变得车水马龙、风头占尽、名声远扬。人为地"制作新闻"，使烟草店成为消费者的关注热点，借题发挥，引起公众的注意，店主的行为可谓是"醉翁之意不在酒，在乎山水之间也"。

> **销售技巧**
>
> 稀缺效应与两点有关：一是目标诱惑力的大小，稀缺目标如果很有诱惑力、吸引力，那么人们就会产生获取这一目标的兴趣；二是获得目标的可能性，如果达到这一目标的可能性很低，那么人们就可能放弃这一目标。把握好这两点，销售员才能利用好稀缺效应。

五、登门槛效应：用小要求做诱饵，不断"得寸进尺"

如果销售员在门槛边上向客户推销产品，多半会遭到拒绝。而一旦进入到客户家里，推销的成功率将大大提升。这就是销售中的登门槛效应。

登门槛效应又称得寸进尺效应，是一个人一旦接受他人的一个微不足道的要求后，为了避免认知上的不协调，或想给他人以前后一致的印象，就有可能接受更大的要求。这种现象犹如登门槛时要一级一级地登，这样能更容易、更顺利地登上高处。

有人曾做过这样的试验：试验者让助手到两个居民区劝人在房前竖一块写有"小心驾驶"的大标语牌。在第一个居民区，助手向人们直接提出这个要求，结果遭到很多居民的拒绝，接受者仅为被要求者的17%。在第二个居民区，助手先请求各居民在一份赞成安全行驶的请愿书上签字，这个小要求当然得到了所有人的同意。几周后，助手再向他们提出竖牌的要求，结果接受者竟占被要求者的55%。

研究者认为，人们拒绝难以做到的或违反意愿的请求是很自然的，但如果他们对某种小请求找不到拒绝的理由，就会增加同意这种要求的倾向，当他们卷入这项活动的一小部分后，便会产生自己是关心社会福利者的感觉、概念或态度。这时如果他拒绝后来的要求，就会出现认知上的不协调，于是恢复协调的内部压力就会支持他继续干下去。

销售员可以使用这种技巧说服客户购买商品，具体来说就是先提出一个人们都能够或者乐意接受的小要求，然后一步步前进，最终达成自己的目的。其实对销售员来说，最困难的并非是销售商品，而是如何开始这第一步。当销售员走入客户家中时，这场销售活动就已经成功了一半，即使最初对方的态度十分强硬，也会在销售员的"得寸进尺"之下沦陷。

登门槛效应在销售中的应用主要体现在对销售时机的把握和提出期望销售目标上。下面就客户消费的几个阶段和特性，结合登门槛效应简要分析。

1. 兴趣阶段

许多客户在观察商品的过程中，一旦发现自己感兴趣的商品，就会关注商品的基本信息，如质量、产地、包装、功效、价格等。因此，当客户的这种潜意识和购买意向得到引导后，他们就会以自己的主观感情去判断这件商品，也会附加上客观条件，评判该商品的使用效果和价值。

2. 联想阶段

此阶段是客户对商品进一步产生兴趣的稳定期，并且是客户采取进一步行动的直接反应，如开始翻看商品，询问相关信息等。

3. 欲望阶段

当客户产生联想或动手查看商品之后，他们就有购买意图，此时，客户在心理上已经默认了销售员的推销意识和行为，但是他们还会产生一些疑虑，如商品功效是否如想象的那么合适？还有没有更好的商品？这些疑虑没有解决之前，他们不会立即购买。因此，处理此阶段的疑虑是销售员推销工作的重点。

4. 评估阶段

解决了疑虑后，综合评估的优劣是本次销售活动的最后一个障碍，客户会最后确认商品的质量、功效等。最终能否引导客户购买，就看销售员这临门一脚的效果了。

5. 行动阶段

当客户在买与不买之间犹豫不决时，销售员应该给予他更多信息，通过诸多利好信息和事件，或者其他成交技巧，加强客户的购买意愿，促成最终的成交。

6. 感受阶段

整个销售活动结束后，就进入客户正式感受商品使用效果的阶段，这时，售后服务和使用效果直接影响客户的再次购买和口碑传播，所以销售员应及时跟踪，保证售后服务质量。

登门槛效应告诉我们，捕捉销售时机比销售过程本身更重要，善于利用客户的即时兴趣，引导并激发客户的购买欲望，从而促成成交，是一件十分值得学习和探讨的课题。

案例5　站在门槛上的销售员，让百事可乐与可口可乐分庭抗礼

百事可乐的横空出世并未引起可口可乐的重视，尽管百事可乐宣称要成为"全世界顾客最喜欢的可乐"，但可口可乐依然认为百事可乐不过是小打小闹，不可能对如日中天的自己构成任何威胁。

初创的上海百事为了迅速打开市场，抢占制高点，果断采用直销模式。当时的饮料市场卖方占有绝对主导权，销售人员坐在办公室里，商家要饮料必须到厂里来提货。但是百事可乐与众不同，它招聘了大量销售员，打造了一支庞大的百事可乐销售队伍。面对有些不接受上门推销的上海人，百事可乐的销售员说，我不进去，只在你家门口站一站。

在那个时候，成百上千的销售员每天在上海的弄堂中穿梭往来，渐渐成为市民眼中一道熟悉的风景。看着汗流满面的销售员站在自家门口略做休息，许多上海人无比感动，觉得他们很敬业，又有礼貌。于是，本来不想买百事可乐的市民，抱着试试看的想法买了一罐喝，感觉味道还不错，索性再买几罐让家人尝尝。

初步打开销路后,上海百事又花费巨资买进了20辆"依维柯"车,提供送货上门服务。从这一天起,客户的地位便截然不同了,皇帝般的感觉油然而生。从那时起,百事可乐牢牢占据了上海市场近一半的销售量。随后,上海百事继续运用登门槛效应,相继占据广州、珠海、深圳等沿海城市一半的销售量,并很快将产品打入世界的其他国家。

要想让客户打开口袋,那就先接近客户,一只脚迈进他的门槛,我们的销售活动才算是开了一个好头。在销售中需要注意的是:欲速则不达。过分紧逼客户只能将其吓跑,一级一级地登台阶才能爬上顶峰。

> **销售技巧**
>
> 运用好登门槛效应的关键就是把握登上每一级台阶的高度和时机,步子太大显得冒失,让客户反感;步子太小又显得拖沓,浪费客户的时间和精力,最后还没等提出销售目的就被人拒绝。

六、首因效应:留下美好的第一印象,事半功倍

如果我们想将一辆二手车销售出去,卖一个好价钱,应该怎样做呢?首先,我们要把车送到修车厂,将车表面的擦痕磨光,重新喷漆。其次,将车厢装饰一新,换上新轮胎,调整好发动机,总之,使车重新焕发光彩。当客户看车的时候,带上客户兜风,让客户感受汽车的性能。

为什么要这样做呢?道理很简单,一辆外表鲜亮、性能优良的汽车一定能卖个好价钱。其实不只是商品需要装饰,销售员本身也要装饰,一名仪表不凡、风度翩翩的销售员会更容易获得成功。

这是因为人与人之间第一次交往时给对方留下的印象,在他的脑海中形成并占据着主导地位,这就是人们常说的第一印象效应,也就是心理学上的首因效应。首因效应在人们的交往中起着非常微妙的作用。初次相见时,我们一定要留给对方一个良好的第一印象。

销售过程中,第一印象的好坏在很大程度上决定客户是否接受了销售员。如果销售员的出场足够惊艳,在第一时间给客户留下良好的印象,则其销售也会一帆风顺。好的第一印象会使销售工作事半功倍,因此,

第一次亮相时，销售员一定要在三方面下功夫，让自己"闪亮登场"。

1. 衣着要得体

俗话说"人靠衣装马靠鞍"，着装打扮在给别人留下的第一印象中往往起着关键的作用。就像商品包装一样，在客户眼中，仪表不凡和风度翩翩会使销售员身价倍增；相反，穿着不得体则会使其形象大打折扣。

一项研究表明，穿着商务制服和领带的销售员所创造的业绩，要比身着便装、不拘小节的销售员高出大约60%。穿着得体会使销售员自信满满，这种积极的状态也会感染客户，进而客户会对销售员产生信任感。如何穿戴才得体呢？

（1）学习稳健型人物的穿着，这种风格代表了可靠，会让人产生安全感。

（2）穿着不要太年轻，这容易招致对方的怀疑和轻视。一般情况下，要尽量让自己显得老成些。

（3）最好不要穿流行的服装，流行服饰适合私下穿，正式场合就显得太过随意。如果一定要赶流行，最好选朴实无华的。

（4）服装的版型、质料、色泽与自己保持和谐。不合身的衣服会使自己像小丑一样，看起来很可笑。

（5）衣着要体现出专业感。正如律师要提公文包而医生要穿白大褂一样，销售员的衣着也应与自己所要传达的信息相一致。如果销售的是美发护发用品，那销售员就应该有一头时髦漂亮的发型；如果销售理财产品，那衣着就要保守庄重。

2. 干净卫生

除了衣着外，个人卫生也是不可忽视的。邋里邋遢会让人产生本能的排斥和反感。

经常洗澡——洗澡会使我们看起来神清气爽。

护理头发——经常洗头，保持头发光滑整齐。不要让满头的头屑或乱糟糟的发型影响外观，当然，也没必要过于追求时髦。

经常修面——男士要每天修面，保持颜面干净。

指甲卫生——指甲应保持清洁，勤修剪。

3. 言行举止

我们是不断活动的人，不是摆着不动的吉祥物，因此，第一印象不仅包括静态方面的外表形象，还包括动态方面的言行举止。言行举止可以体现出教养程度、做人态度、职业素质，会给别人留下深刻印象，成为客户的判断标准之一。

第一次见面时，销售员要表现出怎样的言行举止，才能给别人留下比较好的印象呢？

第一章
运用心理学效应，看穿销售成交背后的秘密

（1）和客户见面前，销售员要放松心情。
（2）从容地给客户递送名片。
（3）学会等待。
（4）自信地打招呼。
（5）在奉承和勇敢之间找到一种平衡。如果客户不相信销售员，交易就很难成功。接近潜在客户时，销售员不应该有任何疑虑和特别的奉承之词，也不要缩手缩脚、畏首畏尾，而应该在奉承和勇敢之间找到一个合适的分寸，不卑不亢。

案例6　五位销售老手吃了闭门羹，一位销售新人却赢得了订单

周鹏是一位刚进公司的销售新人，他的工作是销售各种防盗门窗。上班第一天，经理就交给他一个比较困难的任务，主要是让他感受这份工作，对他能否成功没抱多大的希望。经理让他到一位难缠的客户家里推销防盗门，在此之前已经有五位经验丰富的销售员都在那里吃了闭门羹。

周鹏准备一番后，拜访客户。因为周鹏刚刚入行，没有经验，所以当他站在客户的家门口时，略显紧张，但他还是鼓起勇气摁了门铃。一位中年妇女打开门，听他做完自我介绍后，请他进了屋。

周鹏在那儿待了一个多小时，喝掉了十几杯茶，虽然他表现得有些紧张，但出人意料的是那位女士当场签下合同，买下了价值一万元的防盗门。

在这之前，她已经拒绝五位销售员，而且他们的经验都比周鹏丰富。但是为什么她偏偏选择和周鹏签单呢？原因很简单，女士说："这个小伙子敦厚的表现让我放心。"

在一个多小时的时间里，周鹏凭着他的谦恭、礼貌、真诚赢得了客户的信任，最终谈成了这笔生意。他没有口若悬河、夸夸其谈，没有和客户谈折扣，没有花言巧语蛊惑客户，也没有低三下四、唯唯诺诺或者趾高气扬、目中无人，仅仅靠自己正直的人格，赢取了客户的喜欢和信任。

给客户留下了良好的第一印象是周鹏成功的关键。假如销售员能被客户喜欢，就已经成功了一半。研究发现，双方初次会面的45秒内就能形成第一印象，而且第一印象能在对方的头脑中占据主导地位，很难改变。

> **销售技巧**
>
> 利用好首因效应的同时也要避免以貌取人，每个人的兴趣爱好、衣着品位都不尽相同，如果销售员在销售活动中因为一个人的衣着或外貌表现出鄙视的神色，就会白白错失很多机会。简单地说，客户可以以貌取人，但销售员不能以貌取人。

13

七、从众效应：大家都在用，肯定错不了

某报纸上刊登了这样一则笑话：一日某人闲逛街头，忽见一长队绵延如龙，赶紧站到最后排队，唯恐错过购买好东西的机会。等到队伍拐过墙角，发现大家原来是排队上厕所，不禁哑然失笑，赶紧退出队伍。这就是盲目从众闹的笑话。

从众是指在群体的引导或压力下，个人的行为朝着与群体大多数人一致的方向变化的现象。通俗地讲，从众就是"随大流"。虽然每个人都标榜自己有个性，但更多的时候，我们总是选择放弃自己的个性而"随大流"。因为我们不可能对任何事情都了解得一清二楚，对于那些自己不太了解、没有把握的事情，我们一般都会采取"随大流"的做法。

其实，凑热闹和随波逐流是群体动物的天性，也是人类的天性。在百货公司或超级市场中，如果哪个柜台前出现绵延不绝的队伍和抢购热潮，其他人也可能加入抢购者的行列。后面加入的人并非真的需要这种商品，这种商品也未必物美价廉，最主要的原因是人们的从众心理，看到其他人都在购买，就会盲目地认为这种商品一定不错，自己千万不能错过，一定要抢到一份。

销售员可以对客户说："很多年轻人都买了这个东西"或"今年这款特别流行，都快卖断货了"。事实上，是否真的有很多"年轻人"买了这个东西，是不可验证的，也是不重要的。对客户来说，销售员只要激起客户的从众心理，就能让其产生购买欲望。

案例 7　员工假扮顾客，尿布畅销全世界

日本的福冈市有一家中型企业，它仅凭 2000 余名员工和 1 亿日元的资本，竟创造出年销售额高达 70 亿日元且以 20% 的速度递增的辉煌成就。这家公司就

是由多川博开创的日本尼西奇公司。

它的产品既不是什么高档奢侈品，也不是什么高科技商品，而是专为婴儿屁股服务的尿布。它的创始人兼总经理，就是专门从婴儿屁股寻找钱路的多川博，被人们赞誉为"尿布大王"。

创业之初，多川博创办的是一家生产销售雨衣、游泳帽、防雨斗篷、卫生带、尿布等日用橡胶制品的综合性企业。但是公司业绩平平，没有特色，销量也很不稳定，甚至一度面临倒闭的困境。

不久后，多川博偶然发现日本每年约有 250 万婴儿出生，如果每个婴儿用两条尿布，一年就需要 500 万条。于是，他决定放弃尿布以外的产品，实行尿布专业化生产。

很快，尿布生产出来了，而且采用了新科技、新材料，质量上乘，同时，公司花了大量的精力去宣传产品的优点，希望引起市场轰动，但无人问津，生意十分冷清，甚至难以为继。多川博万分焦急，经过冥思苦想，他终于想出了一个好办法。

多川博让自己的员工假扮成顾客，排成长队来购买自己的尿布，一时间，公司店面门庭若市，热闹非凡，长长的队伍引得路人纷纷驻足观看："这里在卖什么？""什么产品这么畅销，吸引这么多人？"如此一来，尿布旺销的消息就被营造出来了，很多"从众型"的买主纷纷选择购买。

当然，多川博公司的产品质量确实不错，因此人们逐步认可了这种尿布，买尿布的人越来越多。最后，多川博公司生产的尿布越来越畅销，在世界各地都畅销大卖。

"大家都买了，我也买"，从众效应作用下的客户很容易产生这样的心理。所以在销售过程中，销售员不妨利用客户的这种从众心理来减轻客户对风险的担心，从而促成交易。这种方法更容易增强新客户的信心。

销售员在利用客户的从众心理时，需要注意以下几点。

1. 保证产品质量

产品质量是销售的关键，只有真正优质的产品才能在激烈的市场竞争中夺得一席之地。同时，产品质量也是利用客户从众心理的前提。如例所示，多川博能够充分利用客户的从众心理打开销路的前提是尿布的质量好，也正因如此，客户购买后才能真正认可这种产品并继续购买，而不是昙花一现。从众心理只是吸引客户的一个手段，销售最终还是要以质量赢得客户。

2. 向客户举例说明

虽然每个人都存在从众心理，但能否利用好从众心理取决于销售员的实力，其中最主要的一点是，示例中的老客户要能影响到客户，使其产生共鸣。或者是与客户比较熟悉、身份地位比较接近的人，或者是比较权威、有代表性的人，这样才能将客户的从众心理激发起来。例如，销售员可以说："国内许多知名品牌的电器设备公司都是从我们公司购买配件的，比如××集团……"客户听了销售员的这番话后就会想："连××集团这样具有知名度的企业都在他这里采购，那我也就放心了。"

3. 保证案例真实

要想引导客户的从众心理，销售员一定要列举真实的案例，既不要用谎言编造曾经购买的客户，也不要夸大那些老客户的购买数量。如果编造的虚假案例被揭穿，这会严重影响客户对公司的印象，损害公司声誉，这就是自砸招牌。

> **销售技巧**
>
> 除了从众心理外，还有很多人追求标新立异。在崇尚个性的现代社会中，销售员千万不要轻易对这种客户使用从众效应，否则只能适得其反、弄巧成拙。另外，利用客户的从众心理进行销售时要注意适度，不要让客户产生被欺骗和愚弄的感觉。

八、权威效应：他是行家，跟着他走不会错

"人微言轻，人贵言重"。这一句话是对权威效应的最好阐释。假如一个人拥有很高的地位、水平和威信，往往会被众人依赖、敬重和追捧。这样的权威人物的一言一行无不引导着大众。

试想一下，如果人生病了，而且是疑难杂症，病人去医院最希望挂什么号？毫无疑问，肯定会想方设法挂专家号，希望最有资历、经验最丰富的医生为自己看病，这就是权威的力量。

权威效应之所以普遍存在，主要有以下两大原因。

第一章
运用心理学效应，看穿销售成交背后的秘密

权威效应两大原因

- 赞许心理：权威人物的要求往往和社会规范一致，按照他们的要求去做会得到社会规范的认可和赞许
- 安全心理：人们认为权威人物是正确的楷模，追随他们的脚步会让自己更安全，保险系数更高

在现实生活中，权威效应的应用十分广泛。很多企业高薪聘请明星等知名人物做形象代言人，或者突出权威机构对自己产品的认证；企业、商场或者酒店请商界或学界某些名人雅士题字等。如果掌握了客户的这一心理，销售员在销售过程中就可以巧妙地应用权威的引导力来促进产品的销售。

案例8　销售员搬出"秘密武器"，用获得的认证和权威推荐说服客户

销售员张明理前往客户家里拜访。在为客户讲解产品时，他非常仔细地把产品的功能、特征、优点都一一列举出来。客户偶尔也会提出问题，他都是有条理地做出回答。不仅如此，他还把客户的意见认真地记录在小本子上。

然而，张明理感觉到，客户对产品的质量仍然存在很大的疑虑。为了彻底消除客户的担忧，张明理为客户提供了一份市场调查报告，帮助客户准确了解产品的市场销售状况。

张明理对此非常自信，毕竟这个产品在市场上的销售情况的确很好，而且已经打出了知名度，这一点是非常有说服力的。此外，张明理还拿出产品的认证证书以及权威专家的推荐语。经过这一番"攻势"，张明理终于拿下了这名客户，客户放心地购买了产品。

人们喜欢购买名牌产品，因为其获得了广泛的社会认同，人们可从购买中获取巨大的安全感。权威在一定程度上就代表了社会的认同，也代表了绝大多数人的意见。

销售员要想彻底说服客户，有时候仅靠自己的力量是远远不够的，可向权威借力，充实自己的话语分量，让客户不再犹豫。

> **销售技巧**
>
> 权威人物和机构的要求代表了多数人的意见，很大程度上引领了正确的方向。为了不让自己缺乏安全感，不做出违反大众规范的行为，使自己心安，客户会按照销售员推出的权威示范来做。有了权威的引导和吸引，客户很大程度上会按捺不住购买的欲望。

九、禁果效应：你越不想卖，客户越想买

禁果效应也叫罗密欧与朱丽叶效应，是指一个人的某种欲望被禁止的程度越强，所产生的抗拒心理和好奇心理就越强。"禁果"一词源于《圣经》，上帝吩咐亚当和夏娃可以吃伊甸园中所有的果实，但唯独不能食用智慧树上的果实，但夏娃和亚当被智慧树上的禁果所吸引而去偷吃，结果被逐出伊甸园。

禁果效应和两种心理有关，一是逆反心理，二是好奇心理。这两种心理是人类的天性，人们都对不了解和神秘的事物充满好奇，并乐意挣脱束缚，追求自由，越禁止就越要做。

心理学家普拉图做过一个著名实验，他在出版的《趣味心理学》前言结尾处注明"请不要阅读第八章第五节的故事"。事后统计发现，大多数读者采取了与普拉图的告诫相反的行为，先不看前面的章节，反而直接去看第八章第五节的内容。

在销售过程中，销售员经常明面展示产品的功用、特征，使人直观感受到产品的优点，这样的方式效果显而易见，但在同质化的方式面前，人们对于主动呈现的内容已经表现出厌倦情绪。那么，如果换成禁止去看的内容或者给客户以无法得到的暗示，能否吸引客户的注意力呢？

案例 9 斯塔克运用禁果效应，成功将废弃料卖出天价

美国德州有一座巨大的女神像，因为年久失修，政府决定将其推倒扔掉。女神像被推倒后，占据了很大的空间，但这些废弃材料既不能就地焚烧，也不能深埋地下，只能装运到很远的垃圾场，保守估计，费用达 2.5 万美元。

这无疑是一份巨大的苦差，没有人愿意为 2.5 万美元去做这件费力的事情。就当政府为这件事发愁时，斯塔克自告奋勇地把这件苦差事揽到头上。因为他知道，这些废料可是一批"宝物"。

他自愿降价承包了这个差事，只收政府 2 万美元，但要求政府不能过问他是如何处置这批废料的。

斯塔克雇人将废料分类整理并拆卸，其中废铜皮制成了纪念币，废铅废铝制成纪念尺，水泥制成小石碑，神像帽子做成小碎块，标明这是女神像桂冠的一部分，甚至就连神像的嘴唇和朽木、泥土都用红绸垫上，包在透明的盒子里。

为了吸引大家的目光，他雇了一大批人，将广场上的这些废物围起来，禁止路人观看，引得人们纷纷猜测里面是什么。

有一天晚上，看守废弃物的一个人松懈了，不小心被某人偷溜进去偷制成

品。小偷被抓住后，这件事立即传开，媒体纷纷报道，再加上大家的渲染，很快就传遍了全美。

在这种情势下，斯塔克推出了他的计划，立即推出女神像纪念品，并在纪念品盒子上写道："美丽的女神永远去了，我只留下了她这一块纪念物。我永远爱她。"

这些纪念品很快就被抢购一空，他从中净赚12.5万美元。

禁果效应中的逆反心理反映的是客户自我保护、自我防范的意识。每个人做事情都会有自己最初的想法和欲望，都想通过自己的分析和判断做出抉择，不希望受到他人的影响和干预。当销售员与客户沟通时，可以正确运用禁果效应，弥补正面宣传的效果缺陷，激发对方的兴趣。也就是说，越想让客户买产品，他反而越不想买；越不让他买，他反而偏偏要买。

案例10 一句"给多少钱我都不会卖"让销售顾问秒懂经理的高招

在一家汽车4S店，销售顾问问经理："如果您是销售顾问，想要把这辆车卖给我，您会运用什么方法和技巧呢？"

销售顾问以为销售经理会向他介绍车辆的性能和技术参数，再让他试试车，或者交给他一些语言技巧。可没想到，销售经理说："这辆车你给多少钱我都不会卖的。"

销售顾问询问其原因，销售经理说道："这辆车是我们4S店的十周年店庆特订车辆，所以不会卖。"

看到经理那充满笑意的眼神，销售顾问瞬间懂得他这句话的寓意所在。

事实上，禁果效应是一把双刃剑，对于销售员着重介绍的产品，客户往往不是很感兴趣，而对于不着重介绍的产品则充满兴趣，这是由于销售员和客户之间没有建立信任感，也是由于禁果效应的影响。客户总认为你越不想卖的产品就越是好产品，因此越想得到。既然客户有这种心理，销售员不妨利用客户的这种心理完成销售，扩大销量。

> **销售技巧**
> 销售员在介绍产品时，一方面要防止客户产生逆反心理，而拒绝购买产品，另一方面要积极发挥禁果效应的正面作用，刺激客户的逆反心理和好奇心，使客户产生强烈的购买欲望，从而成功交易。

十、凡勃伦效应：贵就对了，只买贵的

"一定得选最好的黄金地段，雇法国设计师，建就得建最高档次的公寓。电梯直接入户，户型最小也得四百平方米……你得研究业主的购物心理，愿意掏两千美金买房的业主根本不在乎再多掏两千，什么叫成功人士，你知道吗？成功人士就是买什么东西都买最贵的，不买最好的。所以，我们做房地产的口号就是：不求最好，但求最贵！"

——电影《大腕》

我们去买东西的时候，在贵和便宜之间会选择哪一个？很多人会说，"我当然选择便宜的了"；但也有人说，"我会买贵的那个"。例如，鞋店里有两双皮鞋，看上去款式都差不多，有一双标价 200 元，而另一双标价 1000 元，你会选择买哪一双呢？一定会有很多人说："我会买贵的那双，因为贵的质量可能会好一些，一分价钱一分货，贵有贵的理由。"

手表的功能都是为了看时间，几块、几十块的电子表和上万元的机械表都能看时间，而且电子表比机械表还要更准确一些，但为什么很多人愿意花上万元去买机械表呢？很多女生买包、皮鞋、化妆品，做头发、美容，总是倾向于买自己经济能力范围内价格更高的产品。为什么明明知道这些产品的利润有几倍，甚至几十倍，大家都还会去购买呢？

经济学家凡勃伦替我们解答了这个问题，他在研究了很多富裕阶层的消费习惯后，于 1889 年写了一本叫作《有闲阶级论》的书。书中提道：有钱人为了炫耀自己的财富优越感，往往会去购买价格昂贵的商品，因为人们有一种"炫耀性消费心理"。这就是经济学中的"凡勃伦效应"。近几年，随着经济的发展和人们收入水平的增长，类似的"凡勃伦"现象反复出现在大家的生活中：价格越贵人们越疯狂购买，价格便宜反倒卖不出去。

案例 11　一块石头卖出 50 万的天价

有一天，一位禅师为了启发他的门徒，给他一块石头，叫他去菜市场试着卖掉它，并对他说："不要卖掉它，只是试着卖掉它。注意观察，多问一些人，然后只要告诉我在菜市场它能卖多少钱。"

门徒带着石头来到了菜市场，许多人看着石头想：它可作很好的小摆件，我们的孩子可以玩，或者我们可以把它当作称菜用的秤砣。于是他们出了价，但只不过几个小硬币。

第一章
运用心理学效应，看穿销售成交背后的秘密

于是他回来对禅师说："它最多只能卖几个硬币。"

禅师说："现在你去黄金市场，问问那儿的人。但是不要卖掉它，只问问价。"

从黄金市场回来后门徒非常高兴，他说："这些人太棒了。他们乐意出到1000块钱。"

禅师说："现在你去珠宝市场，低于50万不要卖掉。"

于是门徒来到了珠宝市场，他简直不敢相信，他们竟然乐意出5万块钱，但他听从禅师的指示并没有卖。一群人继续出价，他们出到10万，但是门徒说："这个价我不打算卖掉它。"接着20万、30万……最后，他真的以50万的价格把这块石头卖掉了。

门徒回来后，禅师说："现在你明白了，这件事情是要看你是不是有试金石、理解力。如果你不要高价，你就永远不会卖出高价。"

在这个故事里，禅师告诉了门徒关于实现人生价值的道理，但是从门徒出售石头的过程中我们也可以看到一个经济规律：凡勃伦效应。

尽管这只是一个寓言故事，但其中的道理发人深省。销售员可以在营销中将产品包装，再赋予它一个符号或价值，设定一个出乎人们意料的高价，让产品具有超出使用价值之外的东西，这样也许会收到意想不到的热卖效果。

> **销售技巧**
>
> 我们在运用凡勃伦效应时要注意，贵不是我们的目的，不能单纯只为了贵，而是要让消费者获得心理上的满足，不露声色地展现自己，这才是核心。只要能做到这一点，那商品就能越卖越贵，越卖越多，越卖越好。

第二章

把完美的第一印象留给客户，让客户一见面就喜欢自己

与客户的初次接触从来不是一件简单的事情，甚至有时候还十分令人恐惧。销售员只有短短的30秒钟来让客户对其产生兴趣，并向对方证明自己对他有着充分的了解。这30秒决定着销售员能不能赢得下一个30秒，然后再下一个，以此类推，直到最后达成交易。如果刚开始的30秒是零，那不管以后销售员可以做多少都没用了，因为他们已经失去了表演下去的机会。

一、开场白不应苍白，用一席话推开沟通大门

销售开场白是销售人员与客户见面时前一两分钟要说的话（不过，如果是电话销售，开场白时间只有30秒钟，否则客户就会走神和不耐烦，甚至挂断电话）。一个好的开始等于成功的一半，一段精彩的销售开场白往往预示了一场成功的交易。很多销售员在拜访客户时不知道如何开场，或者开场白不具任何吸引力，因此常常失败而归。可见，极具吸引力的开场白非常重要，甚至决定了接下来的销售过程是否顺畅。

当代世界权威推销专家戈德曼博士强调，在当面推销中，说好第一句话是十分重要的。客户听第一句话要比听以后的话认真得多，听完第一句话后，客户就自觉或不自觉地决定是尽快打发销售员还是继续谈下去。因此，销售员要尽快抓住客户的注意力，这样才能保证推销访问的顺利进行。那么销售员应该如何设计极具吸引力的销售开场白呢？

1. 感谢

初次拜访客户时，销售员可以以感谢的话语作为开场白。例如，"陈先生您好，非常感谢您能在百忙之中抽出时间与我会面。接下来我简单向您介绍我们公司××……"感谢语是一种很好的开场白，它不但能表现出销售员的礼貌和素质，而且能引起客户的自我肯定，让他觉得自己受到了重视。

2. 赞美

每个人都喜欢听到他人的赞美，即便是一句简单的赞美之词，也可使人心情愉悦，拉近双方距离。每个人都渴望得到他人和社会的肯定和认可，我们在付出了必要的劳动和热情之后，都期待着他人的赞许。赞许他人的实质是对他的尊重和评价，也是送给他的最好礼物和报酬，同时是搞好人际关系的重要手段。它表达的是我们的一片善心和好意，传递的是我们的信任和情感，化解的是人与人之间的陌生和戒备。对人表示赞许有如此多的好处，我们何乐而不为呢？

拜访客户时，适当赞美客户是唤起客户注意的有效方法。赞美的内容有很多，如外表、衣着、气质、谈吐、工作、地位、能力、性格、品格等。只要赞美恰到

好处，对方感受到销售员的善意，沟通自然也就顺畅了。但是赞美不是拍马屁，如果赞美过于虚假，那说不定就会被客户当成讽刺了。

案例 12　销售之神原一平的一句夸赞，让客户高兴地把他请进门

日本的销售之神原一平对打破客户的戒备心理，并取得客户的信任有一套独特的方法。

原一平："先生，您好！"

客户："你是谁啊？"

原一平："我是明治保险公司的原一平，今天我到贵地，有两件事专程来请教您这位附近最有名的老板。"

客户："附近最有名的老板？"

原一平："是啊！根据我打听的结果，大伙儿都说这个问题最好请教您。"

客户："喔！大伙儿都说是我啊！真不敢当，到底什么问题呢？"

原一平："实不相瞒，是如何有效地规避税收和风险的事。"

客户："站着不方便，请进来说话吧！"

"……"

一上来就急不可耐地展现自己的销售目的，未免显得太过唐突，很容易招致客户的反感，甚至惨遭拒绝。与其这样，不如先拐弯抹角地恭维客户，打消他的疑惑，取得他的信任，这样一来，销售便成了顺理成章的事了。

3．设身处地

如果销售员一开始就一味地为推销产品而推销，不停地谈论自己，吹嘘自己的产品，那么客户一定会厌烦销售员的讲述。可是如果销售员能站在客户的立场上，说出一些替客户设身处地着想的话，就会很容易赢得对方的注意。

4．好奇心

"如果有一种方法可以在您现在的基础上每天提高20%的产量，您对此有兴趣吗？"利用客户的好奇心唤起他的注意。

5．好处和利益

拜访客户，尤其是初次拜访时，销售员需要在短时间内抓住他的心理，让他愿意交谈，否则遭遇拒绝的可能性就会大大增加。因此，开场时向客户许诺好处和利益相当重要。当销售员提到一项产品或者服务时，客户心里的第一反应是"这对我有什么用？""我能从中得到什么好处？"如果得不到结果，客户可能会选择拒绝

第二章
把完美的第一印象留给客户，让客户一见面就喜欢自己

因此，抓住客户的欲望心理，使其感觉销售员能带来满足其欲望的机会，这样一来，客户的心就会开放一些，销售员取得成功的概率也将更大一些。

> **销售技巧**
>
> 一个人的心情很容易左右自己语言，当其愁眉不展时，说话的声音也会低沉失落，客户也会受到这样情绪的影响，变得愁眉不展，草草结束对话。因此，当销售员说开场白前，一定要先把自己调整到一种舒适、积极的状况，这样才能确保沟通的顺利进行。

二、形象是自身名片，映入眼帘即应深入人心

销售员的形象是销售工作中的第一块敲门砖，销售不仅是销售产品，更是在销售自己。千万不要认为自己的形象不重要，其实很多销售员就是因为形象不佳丢失了订单，甚至影响到公司的形象，这种例子屡见不鲜。可以说，销售员对自身形象要予以极大的重视。

- 保持干净整洁
- 根据场合穿着衣服
- 饰品佩戴合适
- 注意言行举止

1. 保持干净整洁

不管穿什么类型的衣服，销售员都要保证自己整体是干净的，要注意细节。同时需要特别注意的是，头发不能打蜡过多，以免给人留下油嘴滑舌的印象。

2. 根据场合穿着衣服

销售员一般都是西装革履的，因此很多销售员认为不管在什么场合都要穿着整齐的西装，但其实并不是这样。销售员要根据场合选择穿着，如请客户吃饭或者陪同客户外出游玩，穿着可以随意一点儿，这样能更好地拉近双方的距离。

3. 饰品佩戴合适

销售员还要注意自己佩戴的饰品是否合适，尤其是对女性而言，不管是从事何种行业的销售，都不应该佩戴过于惹眼的饰品，所佩戴的饰品要淡雅、适当，这样才能为自身的整体形象加分。

4. 注意言行举止

很多人都认为个人形象单指外表，其实不然，我们的一言一举都会影响个人形象，个人谈吐也是决定形象的关键所在。塑造良好的言行举止需要掌握六点，如右图所示。

案例 13　化妆品王国中的皇后被拒，只因"低档人"卖不出"高档品"

Eisdis'lorid（艾斯蒂·劳达）是世界化妆品王国中的皇后。她拥有价值几十亿美元的化妆品王国，是世界化妆品领域的一股重要的势力。Eisdis 出身贫穷，没有受过教育，更谈不上对化妆品有什么了解。

Eisdis 以推销叔叔制作的护肤膏起家。为了使自己的产品能够多销售一些，她不得不走街串巷，但低档品获利十分有限。后来，她决定将产品定位于高档次上。可是，不管她怎么努力，推销都没有什么效果，这让她十分沮丧。

后来，Eisdis 问一个十分坚决地拒绝购买她产品的客户："请问，您为什么拒绝购买我的产品呢？是我的推销技巧有什么问题吗？"

客户说："不是技巧的问题，推销要什么技巧？如果我觉得你是在展示技巧，我就会将你赶出去。是你这个人不行，你根本就是一个低档次的人，让我怎么相信你的产品是高档次的呢？"

这位客户的话带有明显的侮辱成分，但也让 Eisdis 明白了自己的问题所在。她的推销之所以屡屡被拒，就是因为她的自身形象太糟糕，难以获得客户的信任。由此可见，精心装扮的形象对销售员来说是多么重要啊！

> **销售技巧**
>
> 尽管我们认为从外表衡量人是肤浅和愚蠢的观念，但人们无时无刻不在根据你的衣着、言语、神态、举止做出判断。无论你愿意与否，你已经在别人眼中留下了某种印象。它们清楚地为你下着定义：你是谁，你的社会地位，你如何生活，你是否有发展前途……

三、见面礼仪要遵守，打造专业靠谱的销售员形象

中国是礼仪之邦，向来讲究"礼多人不怪"，五经中就有一本专门论述周朝礼仪

第二章
把完美的第一印象留给客户，让客户一见面就喜欢自己

的《礼记》。现在，礼仪同样十分重要，尤其是销售员，需要出入各种社交场合，与各种客户打交道，更需要合适的礼仪作为社交的"资格证"。

很多销售员总是忽略这方面的问题，认为可以凭借自己的技巧和口才拿下客户，殊不知，如果连最起码的"资格证"都没有，在客户面前屡屡"失仪"，却又浑然不知，这样的销售员能收到几份订单呢？如果没有礼仪做基础，哪怕销售员有再高明的销售技巧、再流畅的销售话术，也难以赢得订单。

案例 14　销售员频频"失仪"，没说几句话就被下了逐客令

因为客户在工作日比较忙，所以苏斌便与客户约定周末前去拜访，等赶到客户公司后苏斌就傻了，他没想到的是，即便是周日，客户公司依然有很多人在加班，而且大家都着装正式，只有他自己穿着牛仔裤、休闲装。现在换衣服肯定来不及，他只好硬着头皮敲响了客户办公室的门。

一进门，苏斌就想掩饰自己着装不当的问题，希望表现得热情一些，于是，主动伸出手与客户握手。女客户眉梢略微动了一下，并没有伸手去握，而是直接示意对方坐在沙发上。

刚坐定，苏斌立刻从包里翻出一张名片，直接站起来走到客户面前，左手持名片递过去，语气随意地说："这是我的名片，你收好，你也给我一张名片吧，以后可以多联系啊。"

听到苏斌的话后，女客户礼貌地说："先了解一下您这边的产品吧，有需要我会联系您的。"

苏斌直到此时还是不知道发生了什么，继续说："老板，你就给我一张名片吧，我保证你听完我的介绍，一定会跟我合作的！"

女客户这时可能真的忍受不下去了，她沉默了少许后，突然说："苏先生，不好意思，一会儿我还有一个非常重要的会议，今天恐怕只能到这里了，我抽空再联系您吧。"

听到客户下了逐客令，苏斌一脸不满地说："老板，这样不太好吧，我大周末的来了，咱们还没说上两句话呢……"

没等苏斌把话说完，客户就起身直接出去了。无奈的苏斌只好怏怏离去。

可以想见，苏斌的这笔生意肯定是没希望了，不过这又能怪谁呢？他自己毁掉了这次拜访。苏斌表现不当如下：面见高级客户，着装太随意；与客户见面，先伸

手去握；无正式称呼（类似"某总""某经理"），而是直接叫"老板"；单手持名片，缺乏必要的礼貌；语气随意，语言缺乏严肃性和专业感。

当然，如果他遇见的是一位毫不在意礼仪的客户，也许这都不是问题，但是，一般人们对礼仪的要求与自身身份成正比，也就是说越有身份的人越在意对方的礼仪和职业素养。苏斌在短短几分钟内就与订单"失之交臂"，实在应该好好反思一下自己在商务礼仪方面的问题，否则他再去拜访多少次都是没用的。那么，销售员需要注意哪些商务礼仪呢？

1. 握手

握手是现代社会十分常见的一种礼仪，但很多人不知道的是，握手其实有很多讲究。

（1）谁先"出手"？

性别、身份、社会地位等许多因素决定了谁应该先伸手。例如，上下级之间握手，上级应该先伸手；男士和女士之间，女士一般先伸手；长辈和晚辈之间，长辈先伸手。因此，就像上例所示，销售员与客户见面时，并非先伸手就表示尊重，相反，等待客户伸手才是尊重对方和肯定对方身份的适当方式。

（2）如何握手？

握手的标准姿势是两人右手相握上下轻轻摇动，需要注意的是，一定要掌心向左，不能向下，否则会给对方一种压迫感。另外，握手时要保持专注，用柔和的眼光看向对方，充分表达自己的诚意，切忌心神不定，左顾右盼，这样会给对方留下一种傲慢、粗鲁的坏印象，破坏会谈进程。

（3）有哪些禁忌？

一般说来，销售员与客户握手时需要摘下手套；握手时间持续三四秒即可，切忌边握边谈，让客户心生反感，尤其是面对女性客户，长时间握手更是一种十分不礼貌的行为；握手力度要适中，用力过大会弄疼对方，用力过小则会显得不尊重。

2. 递名片

名片是商务交往的必备，销售员与客户初次见面时，往往都会互换名片，不过名片怎么"递"可是很有讲究的。

首先，客户递上名片时，销售员应该伸出双手接过名片，接过来后不要直接收起来，而是要认真看一下名片的内容，将客户的名字和职位读一下，以示重视，然后再仔细收好。其次，递给客户名片时，千万不要单手递名片，而应将名片置于掌上，双手手指并拢，大拇指夹住名片两端。再次，递名片的顺序也是很重要的，名片要优先递给社会地位较高的人；地位同等时，女士优先；如果需要一次递给多位客户名片，可按照由近及远的顺序进行。

3. 交谈

与客户交谈时，销售员应该坚持"以客户为中心"的原则，一切谈话围绕客户的需求展开，既不能滔滔不绝地夸耀产品，也不能随心所欲地谈论自己。很多销售员认为拜访客户就是为了销售产品，然后就选择围绕产品来交谈，结果屡屡失败。

如果客户正侃侃而谈，就不要随便打断他，而是在客户停顿之际积极给予回应，表示肯定或赞赏；如果客户不善言辞，销售员也不能将交谈变成自己一个人的表演，而应使用引导性的话语或提出合适的问题，引导客户积极参与"交谈"，这样不仅有利于订单的达成，还能促进双方情感的交流。

> **销售技巧**
>
> 乔治·路德说过："销售员要从内心深处尊重客户，不仅如此，还要在礼仪上表现出这种尊重，否则你就别想让客户对你和你的产品看上一眼。"很多销售员就是输在了"礼仪"上，那些被销售员们忽视的细节，成了销售路上的绊脚石。

四、初见客户，不要给其留下强行推销的感觉

满怀热情地去推销产品，结果一开口就遭到了拒绝；信心满满地介绍产品，客户却不感兴趣；准备充分，资料齐全，却连话都没讲完就被对方下了逐客令……

销售员一见面就施展出铺天盖地的销售话术，这种地毯式轰炸往往令客户厌烦不已，更别说接受订单了。

案例 15　"从不介绍保险"的保险推销员，屡屡赢得大订单

有一次，一位客户问罗新："罗先生，我们交往的时间已经不短了，您也给了我很多帮助，可我一直不明白，您是做保险业务的，为什么您从来不向我介绍您推销的保险业务呢？"

"这个问题嘛……"

"您为什么吞吞吐吐的？您总不会对推销业绩并不关心吧？"

"这怎么可能，我就是为了推销保险才来经常拜访您啊！"

"那您为什么从来不向我介绍保险的详细内容呢？"

"坦白告诉您吧，其实我最讨厌强人所难，我一向都让客户自己决定什么时候投保，从保险的宗旨和观念上讲，硬逼着别人投保是错误的。再说，我认为真正的好保险是会吸引客户主动投保的。因为，我没有感受到您的迫切需要，所以我也不好意思强行向您推销保险。"

"嘿，您的想法可真特别，和其他的保险销售人员一点儿都不一样。"

"我对每位客户会连续不断地拜访，直到客户觉得自己需要投保为止。"

"那我觉得我应该投保了……"

"先别着急，投保前您还要做一个体检，体检通过之后我们才可以进行合作，不过我有义务向您说明这份保险的具体内容，而您也可以询问我任何关于保险的问题。所以，请您先去做体检吧！"

"好的，我这就去体检。"

这就是销售成功的秘诀——从不强迫客户购买自己的产品。有的销售员总是忽略这一点，他们总是用各种办法软磨硬泡地让客户购买产品，最后让客户心生厌烦，即使客户勉强接受，也会为以后的交往埋下隐患。

01 初次拜访，不谈销售
02 语速适中，不快不慢
03 长话短说，节省时间
04 多听少说，让客户表演
05 保持良好的心态

1. 初次拜访，不谈销售

对一些比较重要的大订单，第一次与客户会面时，销售员最好不要主动谈起销售，除非客户自己主动提及，否则不要介绍公司产品以及相关内容。尤其是当自己事先向客户保证不谈销售时，如果忍不住谈起，那会让客户认为你是一个反复无常、没有诚信的人。

2. 语速适中，不快不慢

很多销售员的口才非常好，但是语速非常快，客户根本无法听清和理解他的话语，这不利于谈话的进行，而且太快的语速还会无形之中给客户施加压力，让他感觉是在销售员的强迫下倾听。

3. 长话短说，节省时间

一定要在事先约定好的时间内结束谈话，尽量不要延长，否则客户就会认为销售员不守信用，而且在销售员的喋喋不休中，他会感到厌烦，从而失去谈话的兴趣。

就算双方没有约定时间，也要尽量长话短说，在最短的时间内让客户理解所要表达的意思。当然，如果客户自己愿意延长时间与销售员交谈，那就另当别论。

4．多听少说，让客户表演

销售员在与客户交谈时要尽量多问问题，多听客户说话。一是销售员可以从客户的讲述中了解到更多的信息；二是可以建立双方的沟通机制，客户由被动接受变为积极参与。

5．保持良好的心态

心态十分重要。一个面带微笑、声音悦耳的销售员，自然会让客户感受到亲切舒适；一个滔滔不绝、只想着将客户包里的钱"抢"过来的销售员，自然会将客户吓跑。

总之，初次见面的时候，销售员要尽量不谈销售，只谈感情，让客户在轻松舒适的氛围中与其建立良好的关系，待到时机成熟后再转到销售上。

> **销售技巧**
>
> 不强行推销不代表不推销，如果销售员总是絮絮叨叨地说废话，恐怕只能让客户失去耐心。因此，这种方式一般适用于大客户销售，那些价值低、利润低的产品就没必要去浪费如此多的时间和精力了。

五、记住客户名字，是对客户最好的恭维

现代社会的生活越来越忙碌，工作节奏越来越快，无论是商务会谈还是其他活动，都需要与许多陌生人接触，销售工作尤其如此。而我们经常遇到的场面就是，两个陌生人见面，握手，互换名片，再相互恭维一番，但一转身就再次成为陌生人。当再次与对方相遇时，我们继续重复以前的步骤，握手寒暄，递上名片，没想到对方很有礼貌地说："我们曾经见过面，互换过名片。"这一刻，周围的空气中都充满了尴尬。

每个人都希望被重视，希望别人关注自己。要知道，名字不仅是一个代号，还是一个人最独特的标志，甚至包含了长辈的期待和祝福。因此，每个人都希望别人准确无误地记住自己的名字，哪怕是只有一面之缘的别人。而对每个人来说，最能体现别人对自己的重视的事情莫过于别人叫出自己的名字，那一刻，内心会产生喜悦感和满足感。对销售员不断地重复自己的名字；销售员准确地称呼自己的名字，这两种情况下的客户体验是天壤之别的。

如果销售员能够记住客户的名字，并轻易地当面叫出来，就是对客户巧妙且有效的恭维，他会产生一种受人重视的极度满足感。这样一来，客户从销售员这里得到的就不仅仅是产品，还有尊重，他不只会自己购买产品或服务，甚至还会主动向身边的亲人、朋友、同事等宣传产品或服务，为销售员带来更多的业务。

案例16　一个名字让客户顿生好感，从此再也不住别的酒店

孙皓每次去上海出差都预定"××酒店"，比起其他同类型酒店，这家酒店的价格并不便宜，但他总是坚持住这家酒店，原来，这一切都与名字有关系。

孙皓起初并没有关注这家酒店，只是曾在这家酒店住宿过。时隔半年，他再次来到"××酒店"。当他走到服务台，还未等他开口，服务员就主动微笑地轻声称呼他"您好！孙先生"，并热情地帮他办理住宿手续。这让他大为吃惊，产生一种强烈的亲切感，如旧地重游回家一样。

就这样，一个名字就让他对这家酒店的好感油然而生，所以他每次出差上海都首选这家酒店。

如果服务员能熟练地称呼每一位见过面的客户的名字，客户一定会觉得格外亲切，产生一种特别的好感。试想一下，时隔几年，一见面就能叫出对方名字，这多么令人惊喜啊！有这样的神奇能力，业务又怎么会不好呢？

一种既简单但又最重要的社交秘诀：牢牢记住别人的姓名。这既是一种礼貌，更是一种情感投资。对销售员来说，见面一句"您好！×先生"，一定会让客户惊喜不已，好感倍增。假如销售员忘记或记错了客户的名字，不仅会让交谈变得尴尬不已，还会让自己失去订单成交的希望。

名字如此重要，但在推销过程中很多销售员对此毫不重视。据某调查显示，中国有20%以上的销售员从来没有询问过客户的姓名，剩下80%的销售员中，则有超过70%的人没将记住客户名字这件事放在心上。

既然记住名字如此重要，为什么很多人不去尝试呢？这是因为在短暂的见面中，要记住一个人的名字是相当不易的，虽然有些人记忆力超群，过目不忘，但这种神奇的能力可不是人人都有的，大部分普通人都很难做到。不过，记忆力不好不能作为记不住客户名字的理由，事实上，销售员可以通过一些诀窍记忆客户的名字。

1. 多看几遍名片

初次见面，接到对方名片后不要直接收起来就再也不看了，当时就应该看清楚名片，甚至当面读一下客户的名字和职位。回到办公室或家里时，可以再将名片拿出来看几遍。过了三五天或一个星期，再次把客户的名片拿出来，根据上面的名字

回想那个人的面孔和当时会谈的场景，这样就能大大加深对客户的印象。

2. 名字联系特征

仅凭名片认人太过困难，毕竟只有区区几个字，如果不是十分特别的名字，很难让人记住。因此，最好的记忆方法是能记住对方的特征，如高矮胖瘦、五官或身体上的其他特征，利用其中最有特点的地方来与此人对上号。如果销售员能成功地将这些特征与客户联系起来，那记住名字就是一件非常简单的事情了。

3. 收集客户资料

当然，仅仅记住名字还是不够的，如果可以的话，销售员应该多收集对方的资料，如专长、兴趣、荣誉等，将其与名字对应起来。这样既可以加深印象，方便记忆，还能通过这些资料让对方感受到你的重视。试想一下，当再次与客户见面时，你一开口就说出他的爱好，他怎么会不惊喜万分呢？

记住他人的名字，就意味着拥有了一把打开他人内心世界的钥匙。不论最后销售能否成功，这都将会让你受益无穷。遇到未成交的客户，许久未见的你一开口就叫出他的名字，他一定会十分高兴，可能自此以后你就可以多收获一位客户；遇到已成交的客户，面对亲切的问候，他肯定十分满足，很可能你会在老客户这里再收获一份订单。所以，不管对某位客户的推销是否成功，都请花点儿时间和精力去记住他的名字。

> **销售技巧**
>
> "工欲善其事，必先利其器"，一款好的工具能让工作事半功倍。一些客户管理软件具有许多有价值的功能：随时随地记录客户信息；自动记录与客户的通信情况；自动分类归档，查询方便快捷……许多需要记忆的内容都可以交给软件处理。

六、幽默风趣娴雅谈，好人缘不请自来

幽默是一种最神奇、最有感染力的令人心情愉悦的艺术，它在人际交往中起着难以估量的作用。俗话说得好，"笑一笑，十年少"，轻松愉悦带给人可不只是眼角笑出来的鱼尾纹，更多的是一种精神上的愉悦与轻松。一个具有幽默感的人，一定是人群中最受人欢迎、令人乐于交往的人。

幽默的魅力无处不在，尤其是在销售中，客户对处于对立立场的销售员有很深的戒备与敌意，但如果销售员拥有了"幽默"这件利器，就能在三言两语中攻破客

户的心防，促使客户打开心扉，最终促成交易成功。销售员应该充分认识到幽默在销售中的作用，培养一颗"幽默"的心，将其运用在自己的工作中。

案例 17　一句话逗笑客户，小幽默蕴含大智慧

某风景区有一家名叫"泰远"的酒店，生意非常好。一天，有一位销售员来到该酒店向经理推销理财产品。当销售员与酒店经理磋商时，如同一般准客户的反应一样，经理对他说："这件事情让我再考虑一下，因为我还需要请示一下我的太太。"

这家酒店的名字叫"泰远"，与"太远"同音，因此在听完他的推托词后，销售员说："来到贵店'太远'，如果是'太近'的话，多来几次也无妨。但是偏偏我身居在遥远的……"

听了销售员的这番话后，经理忍俊不禁，笑个不停，结果当天就谈成了这笔生意。

有时候一个小小的幽默，却能发挥出莫大的效果！机智的销售员通过旅馆名字的谐音制造了一个幽默，让客户开怀大笑，进而赢得了客户，这就是幽默的力量。

具有幽默感的销售员在日常工作中一般都会有比较好的人缘，他们更容易赢得客户的信任和好感。既然幽默在销售中如此重要，那销售员应该如何在销售中发挥自己的幽默感呢？

1. 自嘲自黑

销售员与客户沟通的过程中，难免会出现尴尬情况。如果销售员无法化解，客户可能会感到不满，最后影响交易的达成。而如果销售员能用"自嘲自黑"的方式来缓解尴尬，不仅能缓解双方的尴尬，还会产生极强的幽默效果。这不仅体现出销售员的幽默感和机智，还体现出销售员的宽容与大度，可以说是销售员必备的能力。

2. 正话反说

正话不一定要正说，有时候正话反说可以在销售活动中起到意想不到的效果。例如，客户抱怨空调太贵，销售员可以说："是啊，这种又省电又耐用的空调真贵！要不是它质量这么好，我们才不会去考虑它！"

3. 逆向思维

通常，人都是顺着"常理"去思考的，但如果销售员能逆向思维，把结果转移

在一个"意想不到"的焦点上，就会使客户产生"有趣"的感觉。这样一来，客户在会心一笑后，就会对销售员和产品产生好感，交易也很容易达成。

幽默是打开成功之门的金钥匙，具有巨大的感染力和吸引力。一个富有幽默感的销售员，总能比别人创造出更多的订单和财富。现在，就让我们一起做幽默风趣的销售员吧，您准备好了吗？

> **销售技巧**
>
> 幽默是一种技巧，更是一种心态。只有真正积极乐观的人才能做到由内而外的幽默。乐观与幽默是最亲密的朋友，如果生活中多一点风趣和轻松，多一点笑声与嬉戏，我们将会发现自己就像一朵太阳花，永远向着光明的方向伫立，永远沐浴在幽默的阳光中。

七、让客户"好为人师"，无缝连接自己的产品话题

"人之患在好为人师"。这句话很多人都耳熟能详，就其字面意思来看，是说"人的最大的毛病是喜欢给别人当老师"。当初对此总是十分不解，喜欢当老师有什么不对呢？要是大家都这样想，那不就变成以前流行的"人人以从师为耻的时代"了吗？有谁还敢"抗颜而为师"？

长大后，随着经验的增长和阅历的丰富，越来越明白这句话的深意，越来越觉得这句话说得有道理。其实，"好为人师"指的并不是老师，而是一种觉得自己比别人优越、处处教导别人的心态。

如果销售员与客户交谈初始，就不停地说，显示自己对产品、对市场有多了解，将客户当成受训的小学生一样，恐怕不等销售员把话说完就会被轰出去了。相反，如果销售员能放低身段，将自己当成一个请教者，以谦虚的姿态向客户请教他所擅长的问题，说不定会有意外收获。

案例 18 销售之神虚心向客户请教问题，交易水到渠成

原一平被称为日本的销售之神，有一次，他打电话给某公司的总经理东野先生，希望向他推销保险。

原一平:"您好,××公司吧,请接东野总经理。"

前台:"请问你是?"

原一平:"我是原一平。"

前台:"原先生请稍等一下。"

电话接到总经理室。

总经理:"我是东野,请问你是?"

原一平:"东野经理,您好,我是明治保险公司的原一平。今天冒昧打电话给您,是因为我听说您正在研究遗产税的问题,刚好,我在遗产税这方面碰到了一些问题,所以想向您请教几个问题。"

听到原一平的话,东野感到很惊异:"不错,我是对遗产税的问题很感兴趣,不过,你是怎么知道的?"

原一平:"我是前一段时间听贵公司的客户村上先生说的。"

东野想了半天,还是没想到村上是谁。其实村上根本就是原一平信口胡说的一个人,他只是想用这个引起"讨论"遗产税的机会。

没等东野询问谁是村上,原一平接着说:"请教一下,东野经理,您是否研究了宪法第二十九条所规定的财产权问题,以及民法第五篇的继承权问题呢?您知道,法律问题很复杂,很多人都不去研究,可是若不掌握这些法律知识的话,经常会碰到意想不到的麻烦,所以我觉得要认真研究才是。"说到这里,原一平停了下来,等待对方的反应。

东野回答:"嗯!的确是这样。"

听到东野先生赞同自己,原一平觉得对方已经对自己的话产生了浓厚的兴趣,自己现在只要顺水推舟就行了。于是他接着说:"关于遗产税的问题,不如约个时间,让我听听您的高见。我想问一下,您下个星期四和星期五,哪一天方便呢?"

东野:"嗯,下个星期五吧!"

原一平:"上午还是下午呢?"

东野:"上午9点到10点之间吧。"

原一平:"好!我一定准时前往,再见!"

见面以后,双方相谈甚欢,交易自然也就水到渠成。

原一平通过向潜在客户请教问题,成功接近对方。这种利用向潜在客户请教问题的机会来接近潜在客户的方法,就是成功运用客户好为人师的心理,满足了他的自尊心。

根据马斯洛需求层次中的第四层次可知,每个人都有被尊重的需要。销售员向客户请教,满足客户好为人师的心理,同时也满足了客户被人尊重的需要。在实际工作中，如果销售员能够将其有效地运用到各种场合和活动中，尤其是在面对那些有个性、有学识、有身份、有地位的专家型客户时，一定会取得明显效果。

当销售员向客户请教时，既可以选择与产品有关的问题，也可以选择人品修养、个人兴趣等方面的问题。但需要注意的是，无论请教哪方面的内容，销售员都要保持谦虚诚恳的态度和少说多听的习惯，同时遵循"赞美——请教——销售"的顺序，循序渐进，逐渐达成交易。

> **销售技巧**
>
> "驱使人们行动的最重要的动机是做个重要人物的欲望。"先向师傅学推销，然后向师傅推销，这是推销中很高明的一招。真正聪明的销售员不是做滔滔不绝的"讲师"，而是做"可爱的听众"！只要能获得订单，扮演一次小学生又如何呢？

八、发现客户的兴趣爱好，多聊他感兴趣的事

销售员在销售过程中经常会遇到这些情况：自己滔滔不绝，说得口干舌燥，客户却缄默不语，一言不发；才说了三言两语，客户便满脸怒气地拂袖而去；精心准备的说辞，被客户拒之门外。销售中之所以会出现这样的瓶颈，是因为销售员没有摸准客户的"脉"，没有找到客户的兴趣所在，没有说到客户真正想听的话题。

如果想让客户乐于交谈，如果想一见面就勾起客户的兴趣，销售员就需要去寻找他的兴趣点，然后用一个小小的兴趣点来撬动一份大大的订单。

那么销售员应该如何寻找客户的兴趣点呢？

最近发生的大事

多关注各种新闻报道，无论是国际国内的，还是文化艺术的，只要是客户可能了解的热点消息，都能作为销售员的谈资。这些一般是所有人的关注点，大家都有话可说。

身边的小事

如果双方同在一个城市或地区，就可以谈论一些发生在身边的事情。例如，路上的车祸、写字楼消防问题、物价上涨等，这些出现在生活中的信息很容易引起对方的兴趣，使其情不自禁地和你交流起来。

衣着饰品

一个人的衣着饰品，如衣服、耳环、领带等，显示着他的性格和爱好，如果销售员能从这方面谈起，就可以把控谈话的重点。如果销售员表示赞美并询问何处可以购买的时候，大多数人都十分乐意告知，交谈也就由此展开。这一条对女性尤其有效。

根据周围环境寻找话题

销售员还要注意观察周围的环境，从中找到合适的话题，如客户书桌上的书刊、摆件等，墙上挂着的照片、证书等，这些就像一部资料库，暗示了客户的兴趣爱好。

对方正在忙碌的事情

客户正在看的报纸、阅读的新闻、玩的游戏等，所有的这些都可能是客户的兴趣点。最重要的是，不管这些是不是客户的兴趣点，他在刚做完的时候正对其印象深刻，有话可说。

通杀话题大总结

如果实在无法判断客户的兴趣点，销售员还可以与其谈论一些共同的话题。例如，男人可能对体育、汽车、数码、游戏等感兴趣，女人对衣着、化妆品、佩饰、情感等较为关注。销售员可以尝试这些话题，最终找到吸引客户的关键点。

案例19　销售员用儿童玩具谈生意，轻松战胜强大的竞争对手

刘强最近遇到一位特别棘手的客户，他多次拜访客户，却屡屡碰壁，毫无进展。几乎每隔一段时间，他都会用各种借口来拜访这位客户。有时送新的样品给客户看，有时请客户参加商务活动，但客户的态度始终没有改变，每次见面的时间都很短。因为客户对刘强竞争对手的产品很满意，认为没有必要换供应商。

终于有一次，刘强赶在下班的时候又一次拜访了这位客户，一见面，刘强就看见客户手里正摆弄着一个很流行的玩具。于是刘强就从这个玩具开始和他攀谈，发现两个人的孩子都差不多大。于是双方越谈越投机，从幼儿玩具谈到幼儿园，一直谈到客户上车。中间刘强还

向他推荐了一种新型的玩具，并告诉他在哪里可以买到。刘强说："小孩子玩玩具都不会玩很久，因为他们知道总会有更新的和更好玩的玩具出来，其实新产品也一样。"

没过多久，刘强就接到这个客户的电话，说他的孩子很喜欢刘强推荐的新玩具，并邀请他来公司介绍一下产品和服务。就这样，刘强成功地战胜了实力强大的竞争对手。

双方的关系影响了人们的主观判断，在销售中尤其如此。在这个案例中，客户本来没有更换供应商的打算，所以刘强才频频碰壁，而当双方谈到小小的玩具时，玩具正好切中了客户的兴趣点。同时，刘强在推荐新玩具的时候又巧妙地以此暗示自己的产品：新产品会更好。这促使客户开始考虑更换供应商的事情。

如果销售员无法取得客户的信任，那无论讲得多么动听都没用。要想与客户建立互信的关系，最好的办法就是找到客户的兴趣点。如果销售员能认真地与客户谈论他的兴趣和特长并适当地表示称赞，那他就会把你引为知己，你的销售之路自然也就畅通无阻。

> **销售技巧**
>
> 在客户眼中，销售员代表了公司，如果他不喜欢这位销售员，那就很可能不喜欢这家公司和产品。反之，如果客户喜欢与这位销售员打交道，那就意味着他愿意与这家公司打交道，愿意花钱去购买公司的产品。

九、引导客户说出诉求，有针对性地解决问题

销售不是演讲，最重要的不是嘴巴，而是耳朵。每一场成功的销售都是建立在销售员与客户之间的有效沟通的基础上的。换言之，只有销售员认真倾听客户的表达与倾诉，了解客户的需求与诉求，才能为客户提供其真正需要的产品与服务。如果客户缄口不语，无论销售员如何推销，最后还是会被拒绝。

提问是一门艺术，倾听更是一门艺术。一个巧妙的提问可以让客户愉快地说出心中所想，而一个专心倾听的态度则表现出销售员对客户表达的肯定。专心倾听能激发客户的谈话兴趣，全神贯注地倾听更像是一种暗示——"您有什么问题？我会尽全力帮您解答"，在这种无

声的暗示下，沉默带来的压力促使客户变得更加主动，对产品产生更大的求知欲，激发客户谈话的兴趣。

因此，销售员要学会打开客户的嘴巴，鼓励和引导客户说话，让他将自己心中的需求和愿望表达出来，这样销售员就可以根据客户的诉求进行销售活动，同时也能让客户在表达的过程中获得尊敬和满足。

"为什么……""怎么样……""如何……"销售员在销售过程中需要多问这几个问题，挖掘出客户不愿表达或难以表达出来的想法和信息，了解客户内心的真实需求，并提供对应的解决方法。

案例20　"提问"与"回答"，销售方式不同，结果自然也不同

丁杨信心满满地去拜访一位潜在客户，却铩羽而归，这是为什么呢？

丁杨："早上好，胡先生，很高兴见到您。"

客户："你好，有什么事吗？"

丁杨："胡先生，我今天来拜访您的主要目的是向您推荐我们的最新研究产品，高智能V型设备，它可以帮助企业降低生产成本，提升效益。"

客户："是吗？但你们公司的产品能管用？"

丁杨："那当然，胡先生，这项设备是引进德国的SD技术，它的效率是普通设备的两倍，单位能耗也要比普通设备低20%。另外，本设备采用人性化操作系统，性能稳定，安全性系数高。最重要的是，它还安装了自动检查系统，这样就省去了人工检查的耗费，节省大量的人力和时间成本。您觉得怎么样呢？"

客户："还行，那这种设备一般应用在哪些行业或已经在哪些行业使用了？"

丁杨："包括大型设备制造、油田开发等多个领域都在使用这种设备。"

客户："那一套系统大概需要多少钱呢？"

丁杨："大概30万。"

客户："30万，我知道了。你先把资料放下吧，我了解后再给你电话。"

丁杨："胡先生，我们的设备是国家设备制造金奖获得者，每年销售量达到8000多万元呢！"

客户："我知道了。我们先了解一下再给你回复吧。再见。"

丁杨："胡先生……"

丁杨很幸运地遇上了一位愿意与他交谈的客户，但他没有抓住机会，而是用自己的喋喋不休和急性推销将客户吓跑了。可以说，正是长久以来以产品为中心的思维害了他。下面我们再来看一下另一位销售员石磊是如何与客户交谈的。

第二章
把完美的第一印象留给客户，让客户一见面就喜欢自己

石磊："早上好，胡先生，很高兴见到您。"

客户："你好，有什么事吗？"

石磊："王先生，我是××公司的石磊，今天特意来拜访您的主要原因是，我看到了最近《工程机械》杂志上的一篇报道，觉得报道的内容与您公司所在行业十分相关。"

客户："是吗？什么报道？"

石磊："一篇介绍大型机械行业发展前景的报道，据文章介绍，大型机械行业未来将会有很大的市场增长，预计全年增长幅度在30%以上，这对您这样的大型企业是个好消息吧？"

客户："是啊，前几年市场一直不太好，不过最近几年随着基建的发展，前景还算可以。"

石磊："胡先生，在这种情况下，贵公司的压力应该不小吧？"

客户："是啊，我们研发部、生产部都忙得要死。"

石磊："是吗？那可真是不容易啊。胡先生，我在网上看到了贵公司招聘生产人员的广告，是为了解决生产紧张的问题吗？"

客户："是啊，任务实在太重，根本忙不过来。"

石磊："确实是这样。我想问一下，贵公司目前的效率相较于同行业是高是低呢？"

客户："都差不多，基本属于相同水平。"

石磊："那贵公司目前使用的制造设备的生产效率有没有提升的空间？"

客户："这个恐怕比较难。"

石磊："那贵公司目前使用的是什么品牌的设备呢？"

客户：……

就这样，客户详细地介绍了现有设备的性能及问题，这样一来，石磊便有机会根据客户的需要和诉求，有针对性地提出解决方案，交易自然也就顺理成章地达成了。其实，"说"在会谈中的效果远远不及"问"，如果销售员能用一系列具有逻辑性的问题引导客户的思路，使他主动而且愉快地参与到会谈中，将其心中所想表达出来，销售员的销售活动便走上了成功之路。

> **销售技巧**
>
> 销售员要想成功地提问，就要提前把问题想出来、列出来。见面之前准备一些可以发现客户需求、困难、痛苦、兴趣点和拒绝原因的问题，不断用问题引导客户，在了解客户诉求的同时，提出解决问题的方案，进而达成交易。

第三章

掌握"快熟"法则，用高效沟通拉近与客户的距离

销售员每天都需要与各种各样的客户打交道，只有把与客户的关系处理好了，才会有机会向客户推销产品，客户才有可能接受产品。因此，销售人员一定要加强自身修养，不断培养自己的情商，在最短的时间内拉近与客户的距离。

一、给客户讲故事，引发客户的强烈共鸣

总有一些品牌，让我们为之倾倒，成为它们的忠实粉丝，心甘情愿、无怨无悔地充当它们的义务推广员。这些品牌都有一个共同的特点，它们无一不是有故事的品牌，都是会讲故事的品牌，能讲出好故事的品牌。有故事的品牌不止是有形的产品，还有无形的内涵和魅力。当产品与故事完美地融合为一体时，一股特殊的气质便油然而生。事实上，每个成功的品牌都是会讲故事的品牌，每一名金牌销售员都是会讲故事的销售员。

故事就像暗夜里的一颗星，给销售员带来了与众不同的销售方式。学会用故事包装产品，销售员将会发现，销售中竟然蕴含着无穷的乐趣。其实，销售员并不只是一个连接客户终端的最终销售过程，更是一个集生产、策划、创意等诸多领域为一身的综合性人才。不过，我们生产、创造的不是产品本身，而是产品的卖点，是客户喜欢并愿意为之付出成本的解决方案。

案例 21　碎片也能赚钱，像卖糖果一样卖柏林墙

1989年，两德统一，德国政府公布要拆除分裂德国的冷战产物"柏林墙"，并对外公开招标承包拆墙的公司，出人意料的是，一家名不见经传的小公司竟在众多实力强劲的对手的竞争中杀出重围，其负责人叫康拉德·乔恩。

德国政府之所以让乔恩拆毁柏林墙，是因为他是众多竞争的承包公司中唯一一家愿意自掏腰包，免费帮助政府拆墙的。原来，早在德国政府公布要拆掉柏林墙时，乔恩就暗下决心，一定要从中为自己大赚一把，但前提是必须拿到这个拆墙工程。

如愿以偿后，乔恩便开始着手实施自己的计划，他先是在德国一家发行量最大的报纸上做了一版广告：存在了28年的柏林墙，让全体德国人饱受分裂的耻辱，如果你是位恨透了它的爱国公民，那么现在机会来了，我们邀请你亲手砸毁它！让德国从此重新走向统一，走向永不再分裂的团结！

广告一出，众多德国爱国同胞纷纷来到这堵让他们厌恶已久的柏林墙前打算动手砸毁它。但问题是，总不能徒手砸它吧，这墙可硬着呢，总得使用个工具吧？这时，轮到乔恩出场了，一把价值约为现在的15美元的锤子就在旁边销售，买了你就可以砸墙。就是这短短100多千米的柏林墙，竟足足吸引了300多万德国人前来，仅卖铁锤这一项的收入就让乔恩赚翻了天。

当然，锤子只是个开头，重头戏还在后面。原来，将柏林墙砸毁的乔恩又通过报纸传递出一个信息：柏林墙的碎砖片，每片都是一件历史文物。它记录

了德国分裂的曾经，值得我们带回家中永久收藏，它会提醒我们时刻不能忘掉民族的团结，现在我们为你提供绝版的柏林砖，供你限量永久收藏。

乔恩再次获得成功，每块柏林砖的售价竟高达20美元，更离谱的是，全德国共有500万个家庭买了乔恩的柏林砖。一块普通的砖摇身一变成了名副其实的"金砖"。

其实，乔恩在这里卖得不是"砖"，而是故事。从根本上来说，最顶尖的销售方式更依赖故事，它们可以让客户产生更好的感觉，让客户心甘情愿地埋单。

案例22　"会游泳的猪"让客户惊叹不已

约翰是一名摄影爱好者，有一次他去参观一个摄影展览，被一幅猪在海洋里游泳的照片所吸引。阳光下，蔚蓝色的大海里有几只可爱的小猪正在游泳，看起来真是令人觉得既有趣又有意义。

然后，摄影师给约翰讲了照片背后的故事。据说，几年前有一些水手经过这座小岛，为了使这里成为一个可靠的秘密食物基地，他们就在这里留下了这些小猪繁衍。幸运的是，这些水手再也没回来过。

这些小猪不愁吃喝，因为沿途经过这里的游艇常常会在海里丢弃一些多余的食物，而小猪似乎是能预料到船艇到来。当看到游艇船只时，小家伙们就热切地跳入海浪中寻觅美食。就这样，它们成为岛上的一个景观。这座岛屿也因此被命名为"猪岛"。

听着照片背后的故事，想着照片所代表的特殊景观和含义，约翰立刻毫不犹豫地买下了这幅照片。

好故事不在长，能令人印象深刻就足矣。这位摄影师只靠一个简单的故事便将一幅照片的魅力展现出来，这就是故事营销的魅力。这个案例告诉大家一个道理：讲好故事，才有直击人心的力量，才能干好销售这一行。

销售的秘诀在于销售员与客户的沟通，而最好的沟通便是情感层面的沟通。那些善于和客户打交道、销售业绩突出的人大多活泼开朗、思维敏捷，更重要的是，他们都善于讲故事，而他们所推销的产品也因他们那引人入胜的故事而深得人心。

> **销售技巧**
>
> 在销售活动中，谁有故事谁就能赢。有了故事，有了经历，无形中销售员就有了吸引客户的资本，就能够提升自身的影响力。当然，这里的故事不单单是产品的故事，还可以是公司、企业领导者、自己等的故事。

二、说话要留有余地，不能说得太满

古语有云："处世须留余地，责善切戒尽言。"为人处世，切忌说话太满，做事极端，而要充分认识到事情的所有可能性，给自己留下闪转腾挪的余地，避免一下子就被逼到悬崖边上。

任何时候都不要把话说绝了，所谓"话到嘴边留三分"，只有说话留有余地的人才能有所掌控，进退自如。当然，也不排除社会上有很多有自信、有实力的人把话说得很满，而且也能做到。可即使这样，最好也不要把话说满，因为凡事先做到总比先说到强，更何况世事难料，还没看到最后结果，总有许多未知的可能。

很多销售员为了吸引客户下单，就会盲目许诺很多比较困难甚至根本无法实现的条件，最后被客户拆穿，陷入各种解释、争吵甚至法律纠纷之中，给自己和公司抹黑。

因此，销售员一定要给自己留下回旋的余地，在与客户沟通时不要说话太绝对，不要轻易承诺，不要太早下评断，更不要一味坚持把对方"赶尽杀绝"，让对方没有台阶下。俗话说："人情留一线，日后好相见。"凡事都要留有余地，这既是为自己留条后路，也是对客户的一种负责。

案例23 销售员把话说得太满，结果打了自己的脸，客户失望而去

某天上午，一男一女两位顾客来到某商场家电区选购空调。空调区的营业员林虹微笑着说："你们好，要买空调吗？请随便看看！"

"请问这里有没有格力空调？"

"有，在这边，请问您要装在多大的房间里？"

"大概12平方米。"

"这样的话，我建议您买这款空调，这款不仅性能上可以满足需要，而且价格也不会太贵。"

"天气比较热，下午能不能安装好？"

"没问题。如果现在付款，我们下午就可以给您送货，并且马上安装。"

双方达成交易后，林虹开单，并带顾客到收银台付款，然后到售后服务中心办理送货安装手续。这时，顾客再次强调："下午一定要安装好啊！"

看到顾客如此在意安装时间，林虹有些担心，于是说："请您稍等一下，我

咨询一下安装部。"没想到，因为时值盛夏，安装人员的工作量特别大，而且无法长时间在户外作业，今天的工作已经排满了。

林虹只好对顾客说："不好意思，下午已经排满了，必须等到明天上午才能安装。"

"怎么能这样服务呢？付款前说好的，交了钱就可以安装了。"顾客大发雷霆，感觉受到了欺骗。

"很抱歉，售前未跟您讲明，最近空调安装确实是高峰期，明天晚上之前一定给您装好，好吗？"

顾客很无奈，只得叹着气离开。

显而易见，正是因为林虹把话说得太满却又做不到，才引起了顾客的强烈不满。假如她之前可以及时确定安装时间，并与顾客有效沟通，顾客有可能还会接受，但她的失信让顾客失望而去。这不仅让她失去了这份订单，还给自己和商场带来了不良影响。

那么，销售员应该如何说话，才不会把自己逼上绝境呢？

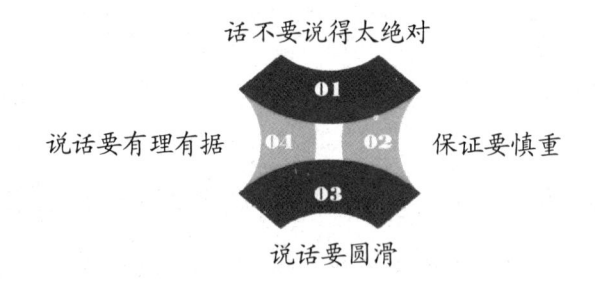

话不要说得太绝对　01
说话要有理有据　04　02　保证要慎重
03
说话要圆滑

1. 话不要说得太绝对

人们的内心对过于绝对的事物有一种强烈的排斥感，越是绝对的东西就越容易引起他人的攻击，因为在他人看来，绝对其实暗含了一种挑衅和刺激。因此，销售员在与客户交往的过程中，千万不要把话说得太绝对，哪怕是自己绝对有把握的事情也不行，否则就将自己推到了一个被动的位置，使自己举步维艰，寸步难行。与其给别人一个挑刺的借口，不如把话说得委婉一点。

2. 保证要慎重

面对客户的请求，销售员要量力而行，不要向客户随意"保证"，毕竟自己不能预知未来，不可能有百分之百的把握。万一自己最后无法达成客户的要求，那损失的将是自己的声誉和形象。销售员应该用"尽量""试试"等词语来代替"没问题""保证"等。销售就是一场大战，无论何时，销售员都要给自己留有余地，使自己处于进可攻、退可守的优势地位。

3. 说话要圆滑

即使销售员有理有据,也不能咄咄逼人;哪怕客户的话漏洞百出,也不能让他下不来台。最好的办法是,给自己留下回旋的余地,时刻处于主动地位,这样虽然不能保证大获全胜,但也不会一败涂地。说话圆滑一点儿,既能达到自己的目的,又能规避风险。

4. 说话要有理有据

要想让自己的话被别人信服,首先要建立一套完整的逻辑体系,做到有理有据,不违背常情常理。每件事都有其存在的原因,每句话也有其出现的理由。如果自己说话只顾夸大事实,而违背了常理,那就很容易被别人抓住把柄,再想挽回就很难了。

> **销售技巧**
>
> 销售员说话不要太满并不意味着就不敢保证、不敢下承诺,否则就会被客户认为是不负责任。你对自己销售的产品都不放心,都不敢下保证,怎么还能奢望客户购买呢?因此,销售员可以在自己力所能及的范围内适当做出一定的保证,给客户吃一颗安心丸。

三、仔细倾听,用耳朵俘获客户的心

我们用一年的时间学会说话,却要用一生来学会闭嘴。事实上这句话并不夸张。在现实社会中,人们最缺乏的不是表达自己,而是学会倾听和理解他人。倾听是一种尊重,更是一种内涵。在与人交往时,千万不要总是自己夸夸其谈、滔滔不绝,而要学会先请别人发言,倾听对方的意见。

很多人觉得倾听非常简单,其实学会倾听远比大多数人想象得困难,因为这需要谦虚谨慎和良好的个人修养。不管自己能力有多强、水平有多高,如果不能清楚对方的想法,那双方的沟通就无法进行,更别说达成共识或建立友谊了。

许多刚入行的销售员常常比较胆小,同时在业绩的压力下又急功近利,于是他们不停地拜访客户。站在客户面前时,他们又害怕自己忘记该说的内容或错过产品的关键点,更害怕自己回答不出客户的问题,遭到客户的鄙视。在这种压力下,他们只好不停地说话,将自己在培训中学到的内容一股脑地丢出去,将客户砸得头晕眼花,结果却是无功而返。其实,销售中最好的沟通方法就是用心倾听。

客户分享得越多,他对这场销售的参与度就越高;客户分享的信息越隐私,他对销售员的信任度就越高,销售员与客户的关系自然也会亲近许多。一般而言,人们向他人分享信息的范畴、深度与彼此之间的关系成正比。也就是说，客户分享的信息越多、越隐私，销售员与他的关系就越紧密，反之亦然。因此，客户讲得越多，彼此就越加亲密；而他越感到亲密，也就讲得越多。

案例24　听顾客讲"手表的故事"，用孝心来销售商品

某大型商场的手表专柜前，销售员张琪正在向客户推销手表。她向客户介绍了许多品牌，但客户看起来都不太满意，眼光总是在各处扫来扫去，脸上明显带着不耐烦的神情，看起来似乎就要离开了。这时，张琪突然注意到客户手腕上佩戴的是一块国产梅花表。

张琪："先生，您现在佩戴的这块表很好看、很经典。不过看款式，应该是比较早一点儿的吧。"

客户点点头说："对，这是我妈妈送给我的。我戴了几十年了，很有感情。那时候，一款这样的手表算是很贵重的礼物了。"

张琪："那您今天想买一块什么样的表呢？"

客户："过几天是我妈妈的六十大寿，我想选一个特别的生日礼物送给她……"

通过客户的讲述，张琪心里马上得出几个结论：第一，客户购买商品是为了满足情感层面的缺失——感谢母亲这些年为自己的付出，希望能通过礼物向母亲表达自己的孝心。因此，一件能够满足客户的情感表达需要的商品才有可能受到客户的青睐。第二，客户并不追求时尚，而是看重商品本身的价值。第三，按照客户的需求，商品应该能表现他对父母的孝心，还能满足老年人的使用和审美，价格也应定位在中高档。

听完客户的讲述后，张琪立即对客户的故事做出回应："您母亲六十大寿了，真是可喜可贺。我们有专门针对老年人开发的系列产品。上次也有位客户在此购买这款表作为祝寿大礼，深得老人的欢心。请您到这边来看一下。"

在整个销售过程中，客户讲得越多，销售成功的可能性越高。那么，销售员应该怎样倾听客户的讲述呢？

1. 认真倾听客户说话

既不是假装有兴趣，也不是在敷衍客户，而是发自内心的真诚地倾听客户。如果销售员面带微笑听客户说话时，心里却在想别的事情，然后被客户的一个问题难住了，那认真倾听就显得过于虚假了。

2. 适当重复对方表达的意思

当只有一方滔滔不绝时，另一方很容易漏失信息，对销售员来说尤其如此。因

此，销售员可以在对方说话时适当总结并重复对方话语中的重点，与客户一起用最有效的方式把更多的信息利用起来。

3. 切忌将客户的话写下来

销售员不是在采访，没必要记录客户的每句话。更重要的是，当销售员拿着笔不停地"写写写"的时候，客户会感觉到销售员在忙别的事情，不重视他，让他失去继续说下去的兴趣。

4. 一定不要在客户面前显露出挑剔、鄙视的神情

当客户滔滔不绝的时候，很多销售员难免会感觉到厌烦，"这人真无聊，他什么时候才会停止说话？"当销售员这么想的时候，即使脸上带着微笑，还是有可能被客户察觉到隐藏的不满。

5. 不要打断客户

销售员不要随意打断客户的话，更不要尝试转换话题或纠正他。有时候客户说的话可能非常离谱，让人忍不住打断，但这样一来，客户就会认为销售员对他的话题不感兴趣或持反对意见，从而产生隔阂。

6. "倾听"对方的情绪

实际上，沟通中只有20%是内容表达，另外80%则是情绪的表达。因此，销售员一定要学会"倾听"对方的情绪。

7. 不要假设自己知道客户在说什么

如果销售员事先就觉得自己知道客户在说什么，那么就会有先入为主的观念，认为自己真的知道客户的需求，从而失去认真倾听的态度。当销售员听完客户的讲述后，还应征询他的意见，以印证所听到的信息的准确性，避免产生误会和冲突。

> **销售技巧**
>
> 销售员倾听时要掌握20/80原则。其意思是，在销售沟通过程中应该将80%的时间让给客户讲话，20%的时间用来自己讲话。而且自己这20%的讲话中，还要用80%的时间来提问题，以此引导客户开口。

四、恰如其分的赞美，是客户最乐意听到的话

世界上最美丽的语言就是对一个人的赞美，恰如其分的赞美不仅可以打破人与人之间的隔阂，拉近双方的距离，更能让对方打开内心世界的大门，真心地接纳我

们。虽然很多人对充斥于社会各个角落的阿谀奉承和浮华的赞美有所不满,但如果我们的赞美是发自内心的,那还是会带给对方极大的满足。

既然一句赞美就可以收到如此巨大的效果,那我们又何必吝啬自己的赞美呢?将赞美这种既廉价又有效的沟通手段运用到销售中,满足客户寻求肯定和自尊的要求,是销售员必须掌握的技巧。

不过,赞美虽然说起来简单,做起来却很不容易,重则"易过",轻则"不及"。而且不同的客户需要用不同的形式、不同的话语、从不同的角度来赞美,赞美能否奏效与这些手段密切相关。销售员应该把握赞美的尺度,根据客户的具体情况做到有的放矢。

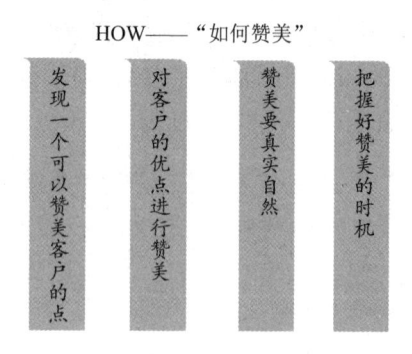

HOW——"如何赞美"

发现一个可以赞美客户的点 | 对客户的优点进行赞美 | 赞美要真实自然 | 把握好赞美的时机

1. 发现一个可以赞美客户的点

无缘无故的赞美不仅不会令人心生暖意,还可能让人警惕万分。因此,销售员不能凭空捏造出一个赞美客户的理由,而应该仔细观察、用心思考,找到一个可以赞美客户的点,这样的赞美才会更容易被客户接受。一个理由充分的赞美,哪怕是一个美丽的谎言,客户也会感受到善意,从而心甘情愿地接受。

2. 对客户的优点进行赞美

如果销售员赞美的是客户的优点,那他一定会十分开心;可如果赞美的是客户的错误或者缺点,不仅不会取悦客户,还会让客户认为销售员是在故意讽刺他。因此,销售员一定要保证赞美的正好是客户的优点,只有这样才能让客户感受到你是真心赞美他。销售员可以从多个方面寻找客户的优点:事业、外貌、言行、举止、衣着、家庭、爱好等。

3. 赞美要真实自然

恰如其分的赞美令人欢喜,而阿谀奉承则会让人心生厌烦。客户对赞美是有很强的判断能力的,只有当销售员对客户的赞美是建立在事实的基础上时,客户才能问心无愧地接受。如果赞美过于虚假和过分,客户会对销售员的意图产生怀疑,从而影响其对销售员的印象。

4. 把握好赞美的时机

溢美之词虽好,却也不是什么时候都可以说的,而要把握好时机。在恰当的时间说出来的赞美可以更上一层楼,如果时机不当,再好的赞美也会变成讽刺,激怒对方。同时,销售员还可以在赞美词中适当增添一些幽默色彩,这样就可以让客户在笑声中接受你的称赞。

案例 25　销售员祭出"君子无德不佩玉",顾客脸上现笑意

一位看起来对玉有所了解的顾客走进了店里,店员沈雪马上迎上去。

沈雪:"您好,看来您非常喜欢玉,我们的老顾客很多都是玩玉的。"

顾客头也没抬地说:"不太懂,我就随便看看。"

沈雪:"是吗?看您的气质像是懂玉的,至少喜欢玉。"

顾客:"懂谈不上,也就是个爱好。"

沈雪:"是的,看来我没说错,现在越来越多的人喜欢玉了,毕竟玉在中国有几千年的历史了,书上说玉代表权力和地位。有一句话叫'君子无德不佩玉',真是这样吗?我觉得玩玉容易上瘾,很多老顾客都不止买一件,连我们都受影响,买不起贵的就买件便宜的戴戴。听说还可以养人保平安呢,据说好玉佩贵人,平民配真玉,我们只求真,而你们都适合好玉。"

听完沈雪一大串的赞美之词,顾客的脸上显现出掩饰不住的笑意,还幽默地说:"你是想让我多花钱吧!"

沈雪笑着摇摇头说:"不是的,我也是听其他顾客讲的,主要看您的气质很好,像个贵人,您是喜欢水头好的,还是偏向有颜色的?"

最后,这位顾客在沈雪的推荐下选了一件价值不菲的翡翠。

在平淡的聊天和赞美中逐渐拉近自己与顾客的距离,最后才能达成订单。像玉石这种奢侈品的销售不必急于求成,而要肯下功夫、有耐心,不断赞美客户,让其享受到被人尊重和肯定的待遇,当时机成熟时再开始了解顾客的需求,这样的销售一定会成功。

> **销售技巧**
>
> 在赞誉客户时,销售员可以采取"春秋要年轻、价钱要晋升"的方式。每个人都喜欢别人说自己年轻,所以销售员在推测客户年龄时,要尽量往小处说。而当判断客户身上的物品的价值或收入水平时,销售员要尽量往高处说。这样契合人们的心理:我很年轻,我很有钱。

五、喋喋不休是大忌,只会耗尽客户的耐心

销售员滔滔不绝,试图以此说服客户购买产品,却常常适得其反;长篇大论,希望能打动对方,却总是事与愿违。其实,那些经常按照职业习惯行事的销售员,

一开口就一发不可收拾，迫切希望自己说得尽量详细，却经常因喋喋不休激怒客户，他们最应该学会的就是适当的时候说话。

很多人认为销售员应该能言善道，但根据通用电气公司副总经理所言："在最近的代理商会议中，大家投票选出导致销售员交易失败的原因，结果有 3/4 的人认为，最大的原因在于销售员的喋喋不休，这是一个值得注意的结果。"

在销售中，"度"的把握至关重要，过于疏远令人感到冷淡，过于热情则让人心生厌烦。也就是说，在销售过程中，如果销售员不冷不热，客户就会有不受重视的感觉，但过分殷勤的销售服务又容易吓跑客户。如何把握这个度，就是考验销售员的地方了。

在销售过程中我们可以发现一种特殊现象：对客户的需求而言，有时"无需求"本身也是一种需求。这种"无需求"并不是没有需求，而是客户需要满足一种自我选择的需求。因此，能否满足客户的"无需求"，并提供无干扰性的销售服务，是决定销售工作成败的重要方面。试想，如果销售员在不合适的时间对心情烦躁的客户喋喋不休，对方不把其轰出去就不错了，怎么还能购买所销售的产品呢？

案例 26　越热情越惹人烦，喋喋不休是销售失败的催化剂

这天上午，梁鹏来到某公司拜访客户："上午好，先生，我是××公司的销售代表，我们公司刚开发出一套非常有效的档案管理系统，这套系统对于提高公司的管理效率和质量，量化员工各方面的指标有很大好处。如果您有兴趣，我想向您详细介绍有关情况。"

但是，客户直接拒绝了梁鹏的推销："我很忙，没有时间。"

梁鹏不愿放弃："我知道您很忙，因为通过电话介绍无法完整表现出该系统的优点，今天我刚好经过贵公司，就把这些资料亲自送到贵公司，我只需要占用您十分钟的时间来向您做一个详细的介绍。我想这或许才是最节省您时间的方式。"

客户依然拒绝："对不起，我现在很忙，你先把资料放在这里吧，我会再和你联系的。"

梁鹏继续说："我给您做一个介绍，只要……"

这时，客户突然站起来，气愤地说："你说得还不够多吗？一会儿我有个部门会议要开，有个年度计划要做，抽空还要去见我的上司，他正有一肚子的指责准备送给我，而我手下的人呢？人心涣散，互相推脱责任。好了，你还站在

这儿干吗？赶紧走！"

梁鹏被客户激动的言辞吓呆了，赶紧连说几句"对不起"，拿起自己的东西匆匆忙忙走了，甚至连道别的话都忘了和客户说。

当客户本来心情不佳、厌烦至极时，销售员却依然自顾自地介绍产品，这当然只能招来客户的反感。当他被客户轰出去时，不仅这次拜访泡汤了，以后的希望恐怕也被葬送了。

在多数情况下，客户需要的是实实在在的信息，而不是销售员无休止的废话。销售员的介绍越简洁有力，越能吸引客户，越能抓住客户的心理。滔滔不绝的语言轰炸、没完没了的寒暄和客套，只会让客户产生反感，就算客户本来有意与销售员合作，经过一番喋喋不休的"狂轰滥炸"后，他也一定会"悬崖勒马"的。

沉默是销售中的"金子"，它会在沟通中起到意想不到的效果。作为一名销售员，多说几句本无可厚非，毕竟销售员需要让客户了解产品和服务，但总是跟在客户的身边没完没了地推荐，哪个客户会乐意一直听下去呢？

总而言之，每个人都有独立思考和自由选择的权利，人家也十分珍惜这种权利，而销售员要做到的就是满足客户的这种权利，别让自己的热情吓跑客户。

> **销售技巧**
>
> 虽说积极主动，多和客户交流，才能创造更多的机会和订单。但是销售员也不要一味地去说，而是在交流的时候注意客户的反应，判断客户是否对自己的话题感兴趣。一旦客户产生不满情绪，销售员要停止话题，以免客户产生厌烦情绪。

六、提高亲和力，用柔性磁场圈住客户

人类既是一种感情动物，也是一种群居动物，这就意味着我们难免要与人相处，而人际交往则需要人们具备一种能力——亲和力。亲和力指的是人与人之间迅速建立起来的思想交流、情感沟通的方式。具备亲和力，我们就会更容易使别人产生好感，给他们留下温和可亲、诚实可信的印象。

亲和力是一种由内而外的能量，我们越喜欢自己，就越对自己有信心，同时也会对旁人满怀爱意。我们越对自己满意，便越会对周围的一切充满欣喜：天空那么蓝、空气那么甜、阳光那么温暖、大家都像天使一样，所有的神情、举止、言行都满含爱意……

热心真诚、乐于助人、关心他人、诚实可靠、谦逊谨慎、幽默睿智……这一切都可能成为销售员独具魅力的人格特质。而这些亲和力的特质不仅为销售员的人际交往提供助力，更为他们的销售事业插上飞翔的翅膀。

通常情况下，客户都愿意与自己喜欢或信赖的人交易，这样既能获得情感上的满足，也能感到放心。其实，现实中的许多商业行为都是建立在感情基础上的，尤其是在产品价格或质量相差不大时，亲和力更是成为决定因素。那些伟大的销售员们都具备非凡的亲和力，他们能在最短的时间内，拉近与客户的距离，取得客户的信任。

推销大师乔·吉拉德每个月至少向13000名客户寄去一张问候卡，同时，每次卡片内容总是变化的，这让客户产生一种被重视的感觉。有一点不变的是，每张卡片的正面都印有"我喜欢你"这四个字。乔·吉拉德坚信："每个人都喜欢自己被人看重，被人接受，被人喜欢，没有人希望自己是个讨厌鬼。"

案例27　销售员用"诚心"感动客户，让大发脾气的客户主动道歉

某一天，一家房地产公司在某五星级酒店召开一个300多人参加的会议，董梦雨负责接待。刚开始双方谈得很顺利，董梦雨在价格上也给了很大优惠，双方签订了合同。

可是当客人要入住时，双方却爆发了矛盾。客户不肯付第二笔款，而且大发脾气，甚至出现了严重的语言冲突。董梦雨没有直接采取对抗措施升级冲突，而是先去了解客户生气的原因。原来，当天该城市下了一场大雪，客户担心会议"缩水"，所以出现了这一幕。

了解情况后，董梦雨告诉自己千万不能乱了阵脚，她组织工作人员一如既往地热情地为客人服务，从接待到餐饮，让每一位入住客人宾至如归，三天后，会议圆满结束，与会客人非常满意。

这时，当初大发脾气的客户主动结账，还向董梦雨道歉。

事后，董梦雨回忆说："这种情况很容易发生，只要服务不到位，就会有一些客户找各种理由不付款。但只要我们诚心待客户，客户也会诚心回报我们的。所以我做销售20多年，从来没有出现过客人欠款的现象。"

利益是互惠的，交往也是互惠的，只有你善待客户，客户才会善待你。销售员要以包容心和谅解的态度加强与客户的沟通，才能获得客户的信任和理解。因此，销售员要适当谅解和善待客户的缺点和不足，做到得饶人处且饶人，通过交谈和解释等方式向客户表达自己的好感，拉近双方距离，获得客户的信任。

> **销售技巧**
>
> 要想表现出亲和力,最重要的一点便是展现自己的笑容,客户花钱消费时可不想看到销售员愁眉苦脸的样子。当客户怒气冲天地来投诉时,愁眉苦脸的表情只会火上浇油;相反,如果销售员能面带微笑地接待客户,就可能以此感染他,使其调整态度,进而解决问题。

七、打破客户戒备的外壳,使其露出信任的内心

很多销售员在拜访陌生客户时,总觉得彼此之间存在着一堵无形的墙,即使自己"费尽心机"地没话找话,也只能得到客户的敷衍应付,双方始终无法深谈,更不要说消除客户的戒备了。

在日常的商业活动中,大多数人对陌生人的反应是:冷淡、怀疑、轻视、敌意。只有销售员赢得客户信任后,进行下一步的沟通,才能发现客户需求,并最终完成销售目标。据统计,70%的消费者决定购买是因为信任销售员,20%是相信售后保障,10%是认为商品合适。销售活动中建立信任比任何方面都重要,信任可以帮销售员将5%的成交率提高到6%、8%,甚至10%。

当陌生客户面对销售员的推销时,难免会产生一些防备心理,而销售员要做的就是设法消除客户的防备心理。

根据马斯洛需求层次理论,人们要求保障自身的安全需要,是仅次于生理需要的人类必须满足的基本需求。在销售活动中,陌生的销售员、陌生的产品,这一切都会给客户带来危机感。因为一般熟悉的事物和环境才会给人们的心理带来安全感,而陌生往往意味着风险和担忧,客户产生害怕上当受骗的心理也是难免的。此时,如何满足客户的安全感就成为亟待解决的问题。

其实,如果销售员能抓住客户寻求安全感的心理,努力在客户心中建立信任,通过各种方式消除客户的担忧,就能取得事半功倍的效果。但是如果销售员急于求成,招致客户的怀疑和反感,就会使之前的努力功亏一篑。

案例28 真诚的赞扬和细心的介绍让客户袒露实情,当场签下订单

某银行和留学机构合作,联合举办了一场出国留学宣讲咨询会。当天活动

现场到访的客户比较多,产品经理上台介绍了关于出国留学金融产品的知识,并告知现场办理有优惠。

这时,客户经理宋倩注意到一位客户在业务柜台前来回走动,看起来对出国留学产品很有兴趣,于是她便主动上前递送折页并且询问:"您好,这是我行关于出国留学的折页,您可以看一下,有不明白的地方我可以现场解答。"

听完宋倩的介绍后,客户迟疑了一下说:"我有个朋友的孩子想去国外留学,我帮他过来看看。"

宋倩一边给客户递送相关资料一边说:"您真是一个热心的人,为了朋友孩子出国留学的事情也费心帮忙咨询,做您的朋友一定很幸福!我们银行有专门针对出国留学的配套服务,可以帮助您朋友轻松办理,您朋友的孩子有没有定好要去哪个国家?针对不同的国家我们有不同的配套服务呢!"

就这样,客户与宋倩聊了起来。在与宋倩的交谈中,客户越来越开心,逐渐打开了自己的心扉,他说:"其实是我自己准备把孩子送到加拿大留学,学校也选好了,正在做准备工作。"

看到客户已经放下防备,敞开心扉,宋倩更耐心地向客户介绍本行专门针对出国留学的产品。客户对产品非常感兴趣,当场办理了出国留学的相关基金。

当客户对销售员心存戒备时,销售员不要急匆匆地推销产品,这样会加重客户的防备心理。销售员应该先打破客户戒备的外壳,博取客户的信任。当客户对销售员敞开心扉的时候,交易自然手到擒来。那么,销售员应该如何取得客户的信任呢?

```
在外在形象上给予客户安全感
凭借专业知识和能力让客户放心
坦诚告知客户未来可能存在的风险      ▶ 取得信任
给予下级经销商一定的经济安全感
给客户吃一颗定心丸
```

1. 在外在形象上给予客户安全感

销售员在与客户会谈时一定要注重自己的衣着打扮,树立良好的外在形象。个人形象是赢得客户信任感的最直接有效的手段,它能够带来意想不到的效果。

2. 凭借专业知识和能力让客户放心

除了外在形象外,内在的专业能力更是一个重要方面。销售员要丰富自己的专业知识,加强自身的业务能力,加深对产品的了解,这样才能更好地为客户解决问题。当销售员表现出自己的专业素质后,才有可能获取客户的信任,客户才可能从其手中购买产品。

3. 坦诚告知客户未来可能存在的风险

有些销售员担心过多介绍产品的细节会打消客户的购买热情，所以总是躲躲闪闪，希望客户没有注意到产品中的问题。其实，这种行为无异于饮鸩止渴。假如产品确实存在风险，销售员一定要跟客户说明这些风险，切实保证客户的利益，这样会使客户感觉销售员是在为他的利益考虑，自然会对销售员产生信赖感。

4. 给予下级经销商一定的经济安全感

销售员要学会帮助下级经销商做市场规划，帮他们寻找市场、打开销路。这样虽然会花费大量的时间和精力，但能保证下级经销商和终端客户的利益，从长远来看，这也是在保证自身的利益。

5. 给客户吃一颗定心丸

强有力的保证书是客户的定心丸，它能帮销售员与客户轻松签单。销售员可以在力所能及的范围内为客户提供一份可靠的承诺书或者保证书，以此转移客户的风险，使他们不必担心日后可能面临的危机。

> **销售技巧**
>
> 对于客户的敌意和戒备，销售员一定要给予充分的理解。不要一味向客户强调自己的产品有多么好，试图用言语轰炸来打动客户，而是要保持耐心，逐渐靠近并消除客户的敌意。这个过程最需要注意的一点就是"欲速则不达"。

第四章

摸清客户心理需求,投其所好才能钓到"大鱼"

要想打动客户,首先要读懂客户的心理需求,做到投其所好。如果你想钓到鱼,就得像鱼儿那样思考,而不是像渔翁那样思考。换句话说,要想把东西卖给客户,销售员就必须知道客户在想什么。对于销售员而言,要想让客户从口袋里掏钱购买,就必须给他一个掏钱的理由。这个理由源自哪里?源自客户的心理需求!

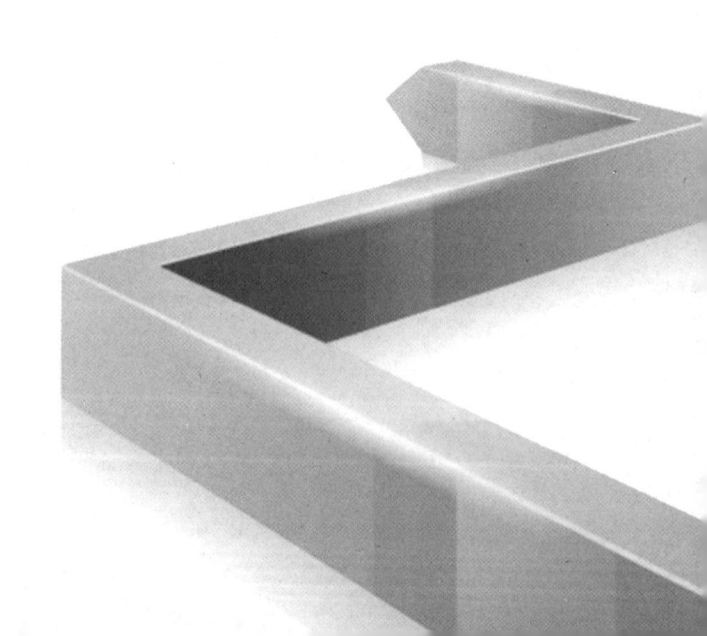

一、没有最懒，只有更懒，要让客户懒得舒心

随着社会的发展和进步，"懒"成为一种趋势，从网购到外卖，越来越多的基于"懒"的商业模式出现。现代人一般工作比较忙、生活节奏比较快，对生活琐事无暇顾及，职场拼搏使他们长期处于一种紧张状态，于是就能懒则懒。

随着"懒人群体"的不断扩大，"懒人经济"也在逐渐兴起，越来越多的商家也开始瞄上"懒人群体"，想从懒人们的"懒"上挖出"金子"来。那么，销售员应该如何利用"懒"来吸引客户，助力自己的销售呢？

案例 29　开车将拉美的客户"接回来"，与他"再续前缘"

2011 年，张皓曾与一位拉美地区的客户合作过，虽然订单不是很大，但张皓后期还是通过邮件、Facebook 等方式跟进客户，只不过他的邮件常常石沉大海，无人回应。

本来张皓以为这个客户就这样失去了，没想到还能"再续前缘"。有一天，他收到一条北京的手机号码发来的短信，对方说：我是来自拉美某国的××，请加我的微信。张皓加上微信后，发现原来是以前拉美的那个客户。

客户说，他是专程来北京学汉语的，可能会待一段时间。寒暄过后，客户给张皓发了一份 PDF 格式的文件，上面是需要采购的产品。幸运的是，客户需要的这几件产品张皓这里基本上都有，于是就给他提供了报价。价格方面双方没有异议，但仅凭图片客户十分不放心，他担心产品不是自己想要的，希望张皓能给他寄一份样品，让他确定一下。

客户的要求着实让张皓为难了，因为客户需要的产品种类很多，而且都是金属件，万一寄过去样品后再被拒绝，那损失也是挺大的。可不让客户看样品，又无法取得客户的信任。

后来，张皓想出一个办法，那就是邀请客户来企业参观，这样既能让客户当面查看产品，又能让客户了解企业的实力，加深他的印象，以此来增加自己的砝码。

张皓所在的企业在河北省，离北京非常近，坐动车大约需要一个小时。但无论张皓如何劝说，客户就是不愿意来，坚持要张皓寄样品。无奈之下，张皓只好自己开车去北京将客户接了过来。

见面以后，张皓就带客户参观仓库、办公室等地，给客户提供产品的样品、

资料等。结果，双方没用多长时间就达成了交易，而这位客户也成了张皓的常客，为他带来很多订单。

试想一下，假如张皓听从客户的话寄了样品，或者因为客户太"懒"而放弃这笔订单，那之后的交易可能就无法达成。而他之所以能成功，就是满足客户的"懒"，让客户享受了周到的服务。

把客户养懒，其实就是要求销售员更好地为客户服务，尽可能为客户着想，把一切方便让给客户。只有做到"想客户之所想，急客户之所急"，销售员才能赢得客户的认可、信赖和合作。在日常工作中，无论是上门推销还是店铺销售，销售员都要增强服务的实用性能，满足"懒人们懒到底"的要求。

> **销售技巧**
>
> 很多人经常抱怨，"老板又叫我……""同事又叫我帮忙""客户又叫我如何改进加强……"但我们要明白"把客户养懒才能赚钱"。其实客户的"懒"是对销售员的一种信任，不担心销售员在价格、质量、服务等方面有所隐瞒。因此，让客户越来越懒才是销售的最高水平。

二、让客户获得内心满足，激发客户购买动机

人们做某件事情或采取某种行动的最根本的动机在于，使内心获得某种满足感。如果我们正在进行的事情或正在采取的行动，无法给自身带来一定的满足、愉悦感，那就会使自己陷入厌烦、无聊的困境，甚至会觉得自己身披锁链，行动受到束缚。面对自己从内心感到讨厌的事情，我们应该如何劝服自己去积极认真地完成呢？没有内心满足的基础，仅仅依靠外力的压力或约束，采取敷衍、应付的态度去做事，这样怎么会有效果呢？

同样，要想让客户心甘情愿地购买产品或服务，那就要保证客户获得自身所需的满足感，避免让客户产生不情不愿的感觉。

案例 30　全身湿透的销售员用保存完好的文件打动客户

郑明约了一位客户下午见面，但中午时天色突然大变，狂风大作并下起了瓢泼大雨，路上积水严重。郑明距约好的地点很远，即使驱车前往也难免会遇到什么问题，于是他就有些退缩，想给客户打个电话另外约个时间。

但没想到的是，主管竟然坚决反对郑明的提议，硬逼着他冒雨前往客户那里。结果先是郑明的车在路上因进水趴窝，然后又是等了很久才打上出租车。等他到达客户的办公室时，全身都湿透了，衣服不停地淌水，很多路过的人都忍不住发笑。

当全身湿透的郑明将保存得非常完好的资料递给客户时，客户非常震撼，感受到了郑明对他的尊重和重视，内心获得极大的满足，当场就与郑明签订了一年的合同。就这样，郑明靠着自己的一身雨水让客户获得了满足，从而赢得订单。

当销售员全心全意地为客户提供服务时，客户就会获得极大的满足。这种现象不仅在服务行业非常明显，在以产品为核心的行业里同样如此。

总之，销售工作从来不是销售员的独角戏，销售员不仅要让自己保持强烈的职业精神和进取心，还要善于引导客户，让其产生强烈的购买动机；否则不管产品有多好，客户也是不会接受的。销售员要善于运用心理上的影响力，以此调动和改变自己以及客户的行为，使他们在交往中获得满足感，促进销售工作的顺利进行。

> **销售技巧**
>
> 销售的目的不仅仅是将产品卖出去，更重要的是让客户从购买行为中获得价值感，使他对自己购买的产品感到满意，认为自己的购买选择是明智之举。

三、不让客户占便宜，而是让他感觉占了便宜

古人云，"将欲取之，必先予之"。先付出一部分投入，才能收回十倍百倍的回报。天下没有免费的午餐，任何想不劳而获或"空手套白狼的人"，都等不到天上掉馅饼的那天。试想，就算我们钓鱼都要先选择合适的鱼饵，更何况"钓"人呢？我们不是姜太公，靠一个没有鱼饵的直钩无法钓到"大鱼"。

大家都明白"占小便宜吃大亏"的道理，但是一旦发现机会，有些人还是要冲上前去，尤其是那些合理合法、合乎道德逻辑的便宜更是必须要占的。销售员可利用客户的这种心理，给予客户一定的优惠，达到交易。

虽说销售员都不喜欢客户的讨价还价，但这并不会因为不喜欢就可以避免。如果销售员是性子比较直的人，不喜欢和客户说那么多，坚持"一口价"的原则，那可能会因此丢失很多客户。其实客户并不是真正想要降多少价，而是想让自己

有占便宜的感觉。总之，销售员要做的就是不要让客户占便宜，而是让他感觉占了便宜。

案例31　一张票看两场电影，"电影皇帝"坪内寿夫让观众"占便宜"

在日本，坪内寿夫是和"松下电器"的松下幸之助、"丰田汽车"的丰田英二齐名的企业巨头，被誉为"企业之神"，他曾经被称为日本的"电影皇帝"。

二战结束后，日本经济凋敝，百废待兴，人们连温饱问题都无法解决。而此时的坪内寿夫刚刚从苏联西伯利亚地区的日军战俘营被释放出来，从一个相扑身材饿成了标准的日本人身材，很想发一笔大财。可是日本当时经济凋敝，根本没有更好的事情可干，他只得跟着父母经营一家很小的电影院。当时人们都在为吃饭穿衣担忧，哪有心思去看电影呢？所以电影院上座率很低，连他们一家人的生计都很难维持。

怎样让观众来看电影，这是坪内寿夫天天都在反复思考的问题。终于，他想出了一个好办法：一场电影放两部片子。

一般的电影院都是一场电影放一部片子，坪内寿夫的电影院却放两部影片，观众都觉得占了便宜，就连本来不想看电影的人都来看了。没过多久，坪内寿夫的电影院就赚到一笔很可观的收入。

坪内寿夫为什么能成功呢？关键就是他让人们觉得自己在坪内寿夫那里占了便宜。既然有占便宜的好事，大家怎么会不趋之若鹜呢？来电影院的观众当然会越来越多，生意自然也越来越好。

> **销售技巧**
>
> 买家与卖家是一对矛盾体，矛盾是对立的，但也是统一的。表面上两者都是为了各自利益最大化而争取最后的胜利，实际上彼此都知道，哪有绝对的胜利，不过是双方的妥协。因此，绝对对立的心思是要不得的，否则就算价格再便宜也没用，只能白白丢失订单。

四、使客户宾至如归，才能让客户卸下防备

当我们在自己家里、在亲朋好友面前时，会感觉到自由随意，而身处其他场合中，则会倍感拘束，时刻保持谨慎状态。在外界环境的影响下，我们会产生不同的

精神状态，进而采取不同的行动。因此，我们可以通过改变环境影响他人的心理，从而促使他们产生某种倾向，采取某种对己有利的行为。

销售员需要为客户创造一种能让他感到温馨、舒适、宾至如归的环境。客户对服务满意，感到轻松自在，最后卸下防备，表露出自己的真实想法和需求，销售员才可以据此选择合适的产品或服务来满足客户，最终达成交易。

对客户来说，他们花钱购买的绝不仅仅是产品本身，附带的还有更优质的服务，服务行业就更不用说了。没有人会吝啬在优质服务上的花费，只要他感觉物超所值。好的服务和好的产品能够为客户提供更多的舒适和好处，内心世界的满足会使其心甘情愿地掏腰包。

那销售员应该如何营造出宾至如归的环境呢？可以从两个方面考虑：一是双方交易的场所；二是销售员与客户交谈商讨的氛围，如销售员是否积极热情，说话是否得体，举止是否得当等。

例如，销售员要改造环境，为客户创造更加舒适的环境和氛围，这会让销售活动事半功倍。例如，餐厅、商场、咖啡馆等服务性场所可以根据客户群体的分类设置更为贴心的设施，播放受欢迎的音乐，服务人员干净、卫生、礼貌、热情，让客户有一种宾至如归的感觉。而当销售员拜访客户或邀请客户面谈时，可以根据客户的喜好提前选择合适的会谈场所，自身要礼貌、和善，避免紧张、生硬的氛围破坏双方的沟通。

案例 32　卡尔森大胆改革，用服务至上的理念让北欧航空扭亏为盈

当简·卡尔森受聘担任领导人的时候，北欧航空公司的市场正节节下滑，每年亏损 2000 万美元，员工因收入减少而士气低落，服务质量每况愈下。为了扭转公司颓势，卡尔森提出一条服务理念："做世界上为商务常旅客服务得最好的航空公司。"

卡尔森调整航空公司的层次结构：让直接为旅客服务的人员位于公司的最高层，其他人员负责为他们提供服务和支持。卡尔森这种出格、大胆的措施和风格，以及具有戏剧性的顾客导向的变革思想引起了广泛的注意。卡尔森还推出新样式的航班，邀请商务常旅客乘坐，并组织主题为"爱在空中"的迪斯科音乐演出。

另外，卡尔森始终关心旅客和员工。他首先提出了服务的"真实瞬间"的概念，航空公司需要通过每天与旅客之间 50000 次"真实瞬间"的接触才会成

功。随着改革的推进，卡尔森善于听取意见的作风受到员工的普遍赞扬，高层管理人员也被他的领导才能所吸引。

北欧航空某高管说："他有非凡的领导才能，他是一位'传教士'式的人物。他非常热衷于传播他的思想，他不厌其烦地与人交谈。我想没有他的这种努力，我们公司很难从技术/生产导向转变到营销服务导向。"

卡尔森曾说："按我的经验，人生有两大激励：一是担忧，一是热爱。你可以用'让人担忧'的办法激励人，但这样做不利于发挥人的潜能。忧心忡忡的人很难突破他们的能力限制，因为他们不敢再经受风险。"因此，卡尔森赞成用"让人热爱"的办法激励人。

这种大胆、出格的全新理念实施一年后，北欧航空公司不仅开始扭亏为盈，还获得多项服务大奖，并至今保持着国际航空业强者的地位。

服务与环境对销售起着非常重要的作用，仅仅为客户提供质量优秀、价格合适的产品是远远不够的，如果没有提供相对应价值的环境与服务，那么销售也是很难开展的。

因此，在销售过程中，销售员不能仅仅注重产品本身的销售，忽略服务和环境的改善。优秀的质量与合适的价格等是产品的硬性指标，而销售活动的成败还取决于服务、环境、感受等软性指标，如公司前台的创意布置、人员的合理安排、会客厅或会议室的装修与布置、服务人员的衣着与言谈举止、现场环境与氛围的布置、店铺环境与氛围设计、产品的陈列布置及广告宣传等。

总之，环境和氛围的营造是销售过程中的一个十分重要的环节，销售员不能将自己的目光局限于产品本身，一个好的环境和氛围可以引导整个销售向着有利的方向发展，为销售的成功提供帮助。

> **销售技巧**
>
> 凡是想在销售方面取得成就的销售员，都要视客户为"上帝"，而"上帝"与自己的亲人毕竟有差别，如果把"上帝"变成亲人岂不更妙？当销售员以接待亲人的态度来接待客户时，客户就会产生宾至如归的感觉。

五、打造参与感，让客户有一种做主的感觉

随着小米的成功，《参与感》一度被奉为互联网思维的代表。书中提出的"三三法则"也让无数人倍加推崇，对其加以模仿。于是，很多人在进行销售活动时总会

想着"应该开放参与节点""要少投广告，做口碑营销"……但是，这样盲目模仿的参与感真得有效果吗？恐怕很难说效果到底如何。

那么参与感到底是什么意思呢？参与感指的是：在产品或服务的生产及传递过程中，需要客户提供心理、时间、情感、行为等方面的活动或资源，才能顺利获得产品或享受服务的感受。

因此，参与感的关键在于它可以将客户从单纯的消费者变成协同生产者。通过参与感的获得，客户可以提升自己的感知控制，比如我们在购买水果或蔬菜时总是喜欢自己挑选，这样可以给予客户相应的控制感，在一定程度上增加他们的满意度。其实，为客户打造参与感就是给客户提供选择的机会，以此提升他们的控制感。

另外，随着市场竞争的加剧，各个品牌产品之间的差异逐渐缩小，此时，如何提升产品在客户心中的心理价值就显得尤为重要。当我们通过打造参与感建立客户与产品之间的情感连接时，就会达到提升心理价值的目的。

那我们在打造参与感时应该注意哪些方面呢？

打造参与感
- 保持目标一致
- 设计明确的规则
- 提供独特性体验

1. 保持目标一致

客户参与的是他本身就想做的事情，这是打造参与感最重要的一点。参与感之所以能提升客户的满意度，是因为客户在参与创造某件产品、获得某项服务的过程中，提升了自身的感知控制。例如，旅游过程的强制购物，这虽然也是提升客户的参与感，却是强迫客户参与自己不想参与的事情，自然会遭到抵制。但是游客在自由活动时间的购物则会加强参与感。

2. 设计明确的规则

很多人在设计参与感时总是犯一个错误，那就是崇信绝对自由的理念，将一切都交由客户做主。例如，某男生请心仪的女生吃饭，自己却连个提议都没有，一切都让女生自己决定，这样的选择权会有人喜欢吗？会显得有诚意吗？其实设计参与感的运行规则不仅不会约束客户，反而会给他们带来更方便的选择权。

3. 提供独特性体验

每个人都希望自己是独一无二的，也希望自己的购买行为能获得独特的体验。

例如，越来越多的蛋糕店、陶瓷店等采用"自己动手制作"的经营模式，这就迎合了客户追求独一无二的体验。自己动手做的东西会更好吗？当然不会，但就是那个奇丑无比的陶瓷成了你的最爱，因为这是你亲手做的。但如果销售员让客户做出的参与行为非常大众化，无法为他带来独特的体验，那他肯定没有尝试的想法和冲动。

案例33　宜家——组织顾客一起帮忙搬家！创造史上最成功的开业典礼

挪威卑尔根市的宜家要搬迁至距原址300米外的新址，如果只是正常的搬迁，那不仅会花费很多资金和精力，还会影响市场销售，那怎样才能改变这种情况呢？经过多方调查和考虑后的宜家决定，邀请卑尔根市的市民们帮忙搬家！

宜家在报纸、广告牌、网站、社交媒体等上面发布了一则召集令，邀请网友们认领他们感兴趣的搬家角色。例如，你想主持开业演讲吗？你想在开业典礼上协助市长吗？谁愿意在宜家入口处种下第一棵树？谁负责宜家的顾客广播站？在宜家搬家时，谁想帮忙看管旧游戏室里的那几千个塑料海洋球？

不久，人们开始志愿认领任务，甚至还有人主动提出完成那些没有被列出的任务，可以说"有任务要上，没有任务，创造任务也要上"。例如，小朋友们想跳支舞蹈，老人们想拉手风琴，跳伞运动员想表演跳伞……，卑尔根市市民纷纷在宜家网页留言，表示想为宜家搬家出份力，甚至挪威最火爆的 Hip Hop（嘻哈音乐）艺术家 Lars Vaular 志愿来到现场表演。

这份志愿搬家的名单越来越长，最后竟成了卑尔根市的一个大狂欢。这场完全由志愿者们张罗的开业典礼在宜家搬家的大日子里大放异彩。每一个被完成的任务都得到了媒体的报道；20%的卑尔根市市民参与了开业典礼；宜家当天打破了以往所有的销售记录！

正是因为宜家和当地市民的精诚合作，才造就了这场宜家史上最成功的开业典礼！

将一个搬家活动变成一个全民狂欢的庆典，宜家究竟是如何做到的呢？其实它就是满足了人们渴望参与的愿望。当大家都为这个"节日"贡献了一分力量时，就会在感情上将自己与宜家连在了一起，这样一来，销售业绩又怎么会上不去呢？

第四章
摸清客户心理需求，投其所好才能钓到"大鱼"

> **销售技巧**
>
> 随着互联网技术的发展，消费者和品牌从未如此相互贴近，互动从未如此广泛深入。这就给他们参与产品生产及销售的各个流程创造了机会，从产品设计到促销活动的举行，所有环节都是客户参与的节点。抓好参与感的风口，销售活动会一帆风顺。

六、引起客户好奇心，销售已经成功一半

很多人都有过各种收礼物的经历，当别人送给我们礼物时，我们最兴奋的不是礼物本身，而是打开包装盒的那个过程，这是因为我们好奇包装盒里到底是什么。销售活动也是如此，谁能引起客户的好奇心，谁的销售就已经成功了一半。

好奇心是人类的天性，谁也无法抑制自己的好奇心。如果产品或服务能让客户感到好奇，那么销售员就有了一个良好的开始；反之，如果客户一点好奇心都没有，那销售员将寸步难行。只有激起客户的好奇心，销售员才有机会建立客户关系，发现客户需求，提供解决方案，进而获得客户的青睐。

销售员完全没有必要在一开始就迫不及待地将一切都公之于众，让客户毫无期待和想象，这样的销售怎么能吸引人呢？与其这样，销售员不如一开场就给客户创造一个悬念，激起他的好奇心，让他情不自禁地跟随销售员的脚步和思路，最后顺理成章地达成交易。

那么，销售员应该如何激起客户的好奇心呢？

- 刺激性问题
- 群体趋同效用
- 话只说一半
- 提供新奇产品

1. 刺激性问题

人们总是对未知的事物比较感兴趣，而刺激性问题则会使客户自然而然地想知道答案。销售员可以在拜访客户时设法激起客户的好奇心，还可以在销售的过程中利用刺激性问题引导客户，使其做出有利于销售的决定。

2. 群体趋同效用

人类是群居动物，群体趋同效应在人类社会十分明显，如果其他人都有着某种

67

共同的趋势,很少有人会拒绝接受。例如,销售员可以对客户说:"王总,最近很多像贵公司一样的设计公司都面临着一个问题。"这个"问题"就可以引起王总的好奇心,促使其产生参与进来的愿望。

3. 话只说一半

很多销售员总是将时间花费在如何满足客户的好奇心上,却忽略了为客户创造好奇心。当他们忙于为客户提供各种信息,不厌其烦地向其陈述产品或服务的信息时,客户只能感到无穷的厌烦。客户得到的信息越多,对销售员或产品的兴趣就会越低。试想一下,如果客户已经掌握了想要了解的所有信息,那他们还有什么兴趣与销售员沟通呢?因此,销售员要学会说话只说一半,留一半培养客户的好奇心。

4. 提供新奇产品

新奇的产品总能引起人们的兴趣,希望自己能尝试一番,哪怕明知道结果,也控制不住自己的冲动,所以才有那么多舔栏杆、含灯泡的"勇士"。因此,人们总是对新产品和新消息"贪得无厌",哪怕别人告诉他结果,他也要去自己尝试一下。

案例34 "脏脏包"爆红网络,好奇心引得人们大排长队

2017年底,一款面包横空出世,刷爆各大网络平台,还登上微博热搜,这就是"脏脏包"。很多人可能发现,微信朋友圈中出现了不少朋友发自己和孩子吃"脏脏包"的小视频和照片,个个吃得嘴上脏、手上脏。面对这种大家都在吃的"脏脏包",你好奇吗?

"脏脏包"其实就是一种巧克力味的面包,最初是北京三里屯一家网红餐厅推出的产品。名如其包,"脏脏包"在牛角包顶部的层层酥皮上浇上厚厚的巧克力层,再涂满巧克力粉,看上去脏兮兮的,吃完后手上、脸上都沾满可可粉,也脏兮兮的。它因为"脏"而火起来,很快风靡各地,不仅追赶潮流的年轻人喜爱,还受到不少明星的追捧。

为了能吃到"脏脏包",很多人转遍大街小巷的蛋糕店,即使找到了它,还要面临排起来的长队,甚至有人干起了倒卖"脏脏包"的生意。令很多吃过"脏脏包"的人不解的是,这种虽然味道还可以,但也没有特别好吃的"脏脏包"为什么会这么火爆?

虽然很多人表示,吃"脏脏包"有了回到童年的感觉,但这并不足以使其

风靡全国。更大的原因是，这种追求吃"脏"的与众不同能引起人们的好奇心，满足人们（尤其是年轻人或儿童）对有趣、另类的追求。而越多人好奇、越多人尝试，又会引发人们的群体趋同效应，进一步加强人们的好奇心。所以，"脏脏包"成为网红面包，也是十分正常的。

  从上述案例中我们可以看到，成功吸引客户的关键就在于激发他们的好奇心，怀有好奇心的客户会十分积极地参与到产品的销售活动中，反之则不然。

  因此，根据具体销售产品和方式的不同，销售员可以采用不同的激发客户好奇心的策略。只要能让客户感到好奇，销售员就可以发展更多的新客户，发现更多的需求，传递更多的价值，大大提高自己的销售业绩。

> **销售技巧**
>
> 无论销售员以何种方式引起客户的好奇心，都必须与推销的产品或服务有关。如果客户发现所玩的把戏与最后的销售完全无关，可能会立即转移注意力，失去兴趣，更别说达成交易。

七、让客户觉得买得便宜，满足砍价的成就感

  追求便宜是客户的一个正常的消费心理，销售员应该学会理解并帮客户达成这种心理。在接待客户时销售员经常会发现，很多客户的"能不能便宜点儿"只是一个习惯用语，他并不一定需要追求真正的便宜，更多的时候只是随口一说，并且想借用砍价来满足自己购物的成就感。

  一个优秀的销售员除了需要满足客户的产品需求外，还要满足客户内在的心理需求。虽说物美价廉的产品是每个客户的最爱，但是客户除了有花最少钱买最好东西的需求外，还有渴望被尊重、被赞美的需求，这却不是每个销售员都能领悟的。

案例 35   店员让价太痛快，顾客反倒不满意，总觉得自己买贵了

  大卫和妻子在一家钟表店内看见了一个他们十分喜欢的小钟，但高达10000美元的标价让他们踌躇不前。于是，妻子说："我们可以试一试，看店主能不能

卖便宜点儿，毕竟我们挺喜欢这个小钟的。"

妻子对店员说："我看到你们这里有只小钟要卖，但是标价让我难以接受。"她停下来看了一下售货员的反应，又接着说："我只能给你7000美元。"

店员听了这个价后，连眼睛也没眨就爽快地说："好！卖给你啦！"

得到钟表的夫妻俩会欣喜若狂吗？不，事实正好相反。

"我真是太傻了，恐怕这钟本来就值不了几个钱……或者里面肯定缺少了零件，要不为什么那么轻呢？再要么就是质量低劣……不会它根本就是个假货吧？"妻子越想越懊恼。

尽管夫妻俩把钟摆在了家中的客厅，而且看上去效果很好，很多客人都夸赞，但是大卫和妻子总觉得他们上当受骗了。

为什么会出现这种结果呢？原因很简单，大卫夫妻的不安源于店员的爽快，这让他们认为那钟表根本不值7000美元。也就是说，他们在购买那只钟的同时，没有从购买行为获得一种占便宜的感觉，相反，而是感觉买贵了。

> **销售技巧**
>
> 注意，千万不要将价格报得过于虚高，否则会让客户产生不信任感，甚至直接将一些对砍价没兴趣的客户吓走。根据产品和客户的情况提前设定好价格和可能遇到的砍价情况，这样既能满足客户的砍价需求又不至于使价格虚高。

八、给客户吃定心丸，满足其安全感

购买风险是消费心理学的一个名词，指消费需求的实现并不等于需求的完全满足而存在的风险。例如，消费者买了一台电视机，但他使用后发现这台电视机在质量和功能上不尽如人意，因此造成一定程度的不满足。为了规避这类风险，消费者在购买其他商品时，就会表现得小心翼翼，尽量拖延成交，以便"货比三家"，这对销售员来说，不仅加大了时间和精力成本，还容易造成客户流失。

对销售员来说，风险就是成交路上的拦路虎。如何打败这只拦路虎，进而满足客户的安全感，这是销售员需要多加思考的问题。

大多数客户与销售员交流时，总是抱着怀疑的态度，无论是产品促销，还是介绍宣传，销售员有时难以取信于客户。甚至很多时候，销售员越想向客户证明自己，越事与愿违，最后直接将客户"赶走"。

那客户为什么不相信销售员呢？恐怕与以下几点密切相关。

1. 掩饰问题

部分销售员为了获得更高的利益，往往以次充好、以劣为优，利用买卖双方的信息落差来欺骗客户。以家具行业为例，很多销售员在向客户介绍材质时使用的是俗称，而没有标准规范的俗称往往成为商家欺骗客户的手段，如"大红酸枝"一般指交趾黄檀，一些销售员却将其他树种的黄檀也称为"大红酸枝"。由于是俗称，即使客户购买之后对材质提出异议，也很难以此作为解决纠纷的依据，最后只能自认倒霉。

2. 夸大产品

有些行业存在着夸大产品的行为。例如，我们在电视广告或街头推广中经常看到的各种保健品，大到癌症、小到感冒，各种"神药"似乎无所不能，可事实上保健食品是不以治疗疾病为目的的食品。如此宣传，客户如何相信销售员呢？

3. 不负责任

很多销售员只注重短期利益，总是抱着做一锤子买卖的想法去做生意，交易达成前百般保证，资金到手后则撒手不管。不管是产品的售后服务还是客户跟踪都做得不到位，这大大影响了客户的购买体验，让他对销售员和产品都失去了信心。

那么，销售员应该如何打消客户的疑虑，建立相互之间的信任呢？最重要的一点是向客户做出零风险承诺，给他吃一颗定心丸，满足其安全感。

零风险承诺是销售活动中非常重要的一项技术，它可以在大部分情况下提高销售员的成交率，加速成交过程。零风险承诺既是一项技术也是一种策略，如果销售员学会变通并把零风险承诺运用得游刃有余，就可以使自己成为值得客户信赖的人。

当然，要想做到有效承诺，首先要学会转换角度，站在客户的立场上思考问题，找出他真正关心的利益点，并将其作为自己的承诺点，从而吸引客户。从竞争上来看，承诺要高于同业水平，提出同业不愿做、没想到、做不到的承诺，这样才可能吸引客户。

零风险承诺不仅是一种吸引客户的手段，更是一个塑造自身和企业良好形象的过程。如果只是为了达到短期销售目的，随意向客户做出一些无法兑现的承诺，就会让自己进退维谷、声誉受损。

案例 36　零风险承诺遇困境，一个小小的改动大大降低退款率

某杂志社推出一套创业培训书籍和视频资料，主要是教大家如何创业、开公司、做营销计划、如何管理等。这套书籍和视频资料售价 400 美元一套，并且承诺，"如果你三个月不成功，我们全额退款，你 100%没有任何风险"。结

果是虽然销量很高，但退货率也高达46%。于是杂志负责人便去请教一位营销大师。

大师说："这个很简单，你应该提供双倍的零风险承诺，如果三个月不成功，我退你800元"。

听到还要加钱，报社负责人急忙喊道："你疯了，怎么可能？"

大师不慌不忙地解释："虽然我会多退一倍钱给你，但我有一个小小的要求，当你退款时，请附上你的名片和公司营业执照复印件。"

杂志社承诺的是保证客户创业成功，但是如果客户没有成功，那至少公司应该开起来了，所以退款时要求附一张名片和公司的营业执照，这个要求不过分吧？

经过这样一个小小的改动，退款率竟然下降到4%，为什么呢？因为很多人只是想创业，但是什么都没有做，没有行动怎么会成功呢？所以大部分没有行动的人就无法退款了。

零风险承诺从来不必是100%退货，否则很可能被客户或竞争对手利用，给自己造成严重损失。其实，零风险承诺是需要设计的，一般来讲，只要我们比竞争对手的承诺好就足够了。我们要保证，自己的零风险承诺既可以满足客户的要求，又不会给自身带来过高的风险，这样才能实现销售业绩的提升。

> **销售技巧**
>
> 最常见的零风险承诺就是无效退款，在很多产品的销售中都可以使用。例如，我们可以向客户保证30天、365天之内无效退款，一般时间越长，客户对产品就越有信心。当然，我们还要结合具体的场合、受众群体或潜在客户和产品的特征来设定时间，避免承担太大的风险。

第五章

破译客户身体语言密码,读懂话语背后的潜台词

在聚会上,当你看到他人的言谈举止时,能判断出对方是一个什么样的人吗?在工作中,当同事满脸笑容地走到你的办公桌前时,你能猜到他的心理活动吗?在销售活动中,当你看到客户摸了一下鼻子时,你觉得对方发出的是什么信号?信息的全部表达=7%语调+38%声音+55%肢体语言。销售员要学会读懂对方的肢体语言,这样才能保证自己在销售沟通中了解客户的意图。

一、由眼及心，眼睛是心灵的永不关闭的窗户

眼睛是心灵的窗户，在所有的肢体语言中，眼睛传递出的信号是最有价值，也是最为准确的，因为眼睛是传达身体感知的焦点，而且瞳孔的运动是独立、自觉、不受意识控制的。因此在销售过程中，如果销售员认真观察客户的眼神，往往能发现许多无法从言语上获知的信息。

从客户的眼睛中得到的信息可以帮助销售员把握住许多机会，也能使销售员合理安排时间，提高效率。

很多刚刚进入销售行业的业务员往往比较矜持，在与客户会谈时，不是不敢看对方的眼睛，就是眼神漂移不定，老练的客户一眼就可以看出销售员的不自信。在这种情况下，客户一定会根据销售员的弱点想方设法地占尽便宜，原本可以马上签下的订单也将被无限期地拖延。

案例37　销售员细心观察，识破客户的"眼技"

贾涛与客户联系了很多次，最后客户才勉强同意了解一下他的产品。于是，贾涛将一份十分重要的销售提案传给了客户，并约定第二天见面详谈。

第二天一早，贾涛准备好东西后就去拜访客户，当他问起提案的事情时，客户先是在办公室找了找。过了一会儿，客户一拍脑袋，恍然大悟道："对了，这份文件一定是助理收了，还没发给我呢。这样吧，你改天再来，我先看一下销售提案，到时候咱们再联系，好吗？"

贾涛一听就知道客户在说谎，因为他在将文件传给客户的助理后，特地询问过，助理明确表示已经给客户了。而且贾涛还注意到，客户在思考文件时，下意识地眨了几下眼睛。

于是，贾涛并没有听从客户的话就此离开，而是坚持先向客户做一个简单的介绍。最后，在贾涛的坚持和努力下，客户终于答应与贾涛会谈。

人们在说谎时总是不自觉地做一些不自然的动作，如眨眼睛、视线躲避对方、手不自然地握紧等，这些动作说明了他们的心虚，案例中的客户也是如此。当客户当面撒谎时，销售员可以根据他的眼神判断出他目前的心理活动。

英国心理学家迈克尔·阿盖尔发现，人们在交谈时，平均有61%的时间注视对方。尽管该结果存在一定争议，但注视时间的长短确实反映了人们的某种心理。过长时间的盯视一般暗含挑衅，给人一种不安全感，而过短时间的注视则带有厌倦或

第五章
破译客户身体语言密码，读懂话语背后的潜台词

怯懦的味道。

一般来说，转移目光是典型的对谈话失去兴趣的表现。当客户对谈话感到厌倦时，就会本能地避开销售员的目光，试图结束对话。当然，转移目光也有可能是屈从的表示，例如在价格大战中，如果客户转移目光，眼神向下方倾斜，就说明他有接受的意思，此时，只要稍稍做出让步即可达成协议。

另外，人在思考时，眼睛会以不同的方式运动。因此，通过观察他人的眼球运动，可以解读出对方的回忆情况。具体来说，眼球向左上方移动表示在回忆某个真实的画面，而向右上方移动则表示在脑海里创建某个新的画面，也就是在说谎；眼球向左平行移动表示在回忆某些声音，而向右平行移动则表示人们在创建新的声音，也就是假的声音；眼球向右下方移动表示人们在回忆某种感觉。

> **销售技巧**
>
> 当销售员观察客户的眼睛时，客户同样也在观察销售员。因此，如何掩饰自己的真实想法，如何通过眼睛看透对方的意图，也是一项销售员必须学习的技巧。销售过程本来就是销售员与客户斗智斗勇的过程。

二、察眉观色，看客户的眉毛如何"传情达意"

人类眉毛的主要功能是防止汗水和雨水等流入眼睛，对眼睛起到保护作用。根据观察我们发现，眉毛不仅仅能防止液体进入眼睛，而且眉毛的变化也可能折射出人内心的所想所感。

其实，眉宇之间的风情自古以来就被许多人描述过，如李清照的《一剪梅》："一种相思，两处闲愁。此情无计可消除，才下眉头，却上心头。"韦庄的《女冠子》："昨夜夜半，枕上分明梦见。语多时，依旧桃花面，频低柳叶眉。半羞还半喜，欲去又依依。觉来知是梦，不胜悲。"

研究显示，人们很难隐藏或改变面部的细微变化，而这些变化最能透露内心的所思所想。因此，眉毛是表露一个人内心的重要方面，例如，眉毛向下靠近眼睛的时候，表示此人对周围的人更热情、更愿意与人接近；眉毛上挑，表示此人在寻求尊重，需要更多的时间来适应现在的场合。

案例38　眉毛便是指向标，销售员根据客户的神情变化调整策略

陆媛准备买一辆新车，正好本市在举行汽车展销会，于是她便来到展销会

上。可是，她在这里看了大半天也没有找到一辆合适的车，不是价格太高就是款式太差。这让她感到很累，心情自然也变得很差。慢慢地，她在不知不觉间又走到了一个展区，一位销售员过来询问她是否买车。身心疲惫的陆媛随便应付了一句。

销售员见陆媛眉头紧锁，就猜到她的购车之旅不顺利，于是安慰她："看您很累的样子，不如先过来坐一会儿，休息一下，买车最重要的就是选择自己喜欢而且价格合适的车，一时遇不到合适的很正常，急不得。"

这句话正合陆媛的心意，于是她便坐下来与销售员谈起了本次购车经过。在聊天过程中，销售员从陆媛口中得知了她想要的车的款式和价位，于是便给陆媛介绍了一款同类型的车，但是价格上低了许多。

陆媛一听眉毛上扬，显示出一种欣喜的表情，但是很快又皱起了眉头，她问："价格便宜了，是不是在配置或售后上会有所欠缺啊？"

销售员赶紧做了解释，陆媛听后也很满意。双方经过短暂商谈后，陆媛眉开眼笑地购买了那辆车。

从眉头紧缩到眉毛上扬，销售员根据陆媛的神情变化掌握了她的内心情绪变化，自然也就掌握了销售制胜的法宝。那么，有哪些比较常见的眉宇神情需要销售员注意呢？

（1）双眉上扬：双眉上扬且伴有闪动，表明此人非常愉快，当然惊讶也是如此表现，销售员要根据眼睛、嘴巴的动作综合分析。

（2）眉心舒展：眉心舒展表示此人内心坦然，眼神平和不闪避，表明此人为人坦诚，无亏心之事，心情愉悦坦然。

（3）闪眉：眉毛上扬后又立刻降下，像闪电一划而过，同时还伴着扬头和微笑的动作。眉毛闪动表示眼前一亮，非常欣喜，对对方的到来表示欢迎。如果客户有这样的表情，那么成交就是很有希望的事情了。

（4）单眉上扬：如果仅仅是单眉上扬，则表示有指令性的信号发出；如果不仅单眉上扬，眼睛也略有张大，则表明有不理解的情绪，或者表示对销售员说的话怀有疑问。

（5）压低眉毛：如果感受到威胁或侵略的话，那么他就会本能地试图低下眉毛保护眼睛，但眼睛仍睁开注意外界环境的状态，同时伴有脸颊的肌肉往上挤的情况，以此试图遮掩眼部表情。这种本能反应是在外界刺激的情况下出现的，因此比较真实，很难造假。

（6）深皱眉毛：长时间的深皱眉毛，表情忧虑，表明此人心事沉重，想摆脱自身的处境，但又迟迟无法挣脱或不敢挣脱。这种人一般心事极其敏感，对所有人都怀有深深的疑心，因此销售员与其谈话时应保持谨慎，避免产生不必要的摩擦。

（7）眉毛打结：眉毛同时上扬且相互趋近，显得极为痛苦，只有当对方患有重大疾病并因此受到巨大的生理痛苦折磨或具有严重的心理烦恼、面对重大的人生抉择时，才会出现这种情况。

（8）耸眉：耸眉是一个典型的抱怨姿势，如果某人在谈话时不断地耸眉，那么他可能是一个习惯性的抱怨者，这预示着销售员将面对一场并不轻松的谈判。

（9）眉毛倒竖：眉毛倒竖，眼神横直，咬牙切齿，呼吸急促，如果销售员遇到带有这种表情的人，可千万要小心，因为此时的他们一定极度愤怒。

眉宇之间的沟通有时候比语言更加丰富，一个不经意的小动作就有可能泄露出不想让他人知道的真相。这两撇眉毛可以在关键时刻给销售员提供非常重要的信息，让销售员看穿他人。

> **销售技巧**
>
> 眉毛的动作一般与眼睛的动作相配合，因此在观察时也不能孤立，而要综合眼睛和眉毛这两者的动作，最后探寻到客户的内心秘密。如果总是盯着客户的眉毛，不仅容易造成偏差，还会显得极其不礼貌。

三、解读双手动作含义，看透客户内心秘密

我们的双手是最会"说话"的，无论是在让座、握手、传递物品时，还是在表达默契、抒发情感、谈话沟通时，双手都承担着重要的表达任务。如果能学会解读客户双手动作的含义，那销售员就打开了客户内心世界的大门，销售活动也会一路畅通。

案例39　递出一根烟暴露内心想法，轻易地答应了对方的要求

房鸣出差去考察某旅游景点的地产开发项目，但是因为当时正值假期，外出游玩的人很多，当地的酒店都已满员。无奈之下，房鸣只好寄宿在附近的农家院里。但是农家院老板要价较高，他便与老板议价。

由于当时生意火爆，老板有恃无恐，所以在价格上并没有做多少让步。双方谈了几个回合后，房鸣从口袋里掏出一包烟，随手拿了一支烟递给老板，老

板开心地接过了烟。然后，房鸣只是随便说了两句，就同意了老板的价格。

其实，当这个沟通场景出现"递烟"这个动作时，基本可以判定房鸣已经同意了老板的条件，再稍加沟通就能谈成。

肢体语言被许多人看作是非语言沟通中最重要的因素。客户的肢体语言所传达的信息是非常重要的，这些信息揭示了许多思想和秘密。因此，多掌握一些肢体语言对销售员来说十分重要。

（1）客户双手插兜，这表示他对这次会面满不在乎，似乎不关他的事，表明他对产品不感兴趣。

（2）经常翘手指并且指指点点，表明这种人的自我表现欲望很强，言语中往往带有攻击性。销售员在和他们相处时，要宽容，避免发生正面冲突。

（3）一手握拳，另一只手拍拳。客户对销售员的话语感到厌烦和抗拒，要赶紧换个话题，否则他就会找机会结束对话。

（4）摊开双手与耸肩搭配，这是一种很委屈、无奈的姿势，销售员要对其安抚。

（5）客户不停地搓手。如果不是天气冷，就是客户犹豫不决，这个时候销售员要引导客户尽快做决定。

（6）客户轻揉鼻子，代表他心存疑虑，不敢相信销售员，认为销售员在用花言巧语欺骗他。

（7）客户轻拍手掌或捏着手指，表明耐心将要耗尽，正在寻求机会结束对话。

（8）抚摸后脑是反对信号，表示客户不同意销售员的说法；轻拍或抚弄头发则是同意信号。

销售员在跟客户交谈的过程中，一定要边谈边认真注视客户的一举一动，也许一个细节、一个动作就可以带来订单。销售员要多观察，多思考，不要急于开口讲话。通过肢体语言搞清楚客户表达的真实意图后，才能做到事半功倍。

> **销售技巧**
>
> 肢体语言的作用不仅仅在于发现客户内心的秘密，还可以表达销售员的想法。通过双手动作，销售员可以为客户创造一个更为丰富的语言环境，让他能更好地理解和讲解。学会"手语"，也就相当于掌握了一门无声的语言，沟通也将因此更加顺利。

四、步步识心，揭开走路姿势的面纱

走路是牙牙学语的孩童都会的事。虽然我们每个人都会走路，但不同的走路姿

第五章
破译客户身体语言密码，读懂话语背后的潜台词

势能反映不同的性格特征和心理状态。例如，优柔寡断的客户和明快果断的客户，其走路姿势绝对是迥然不同的。根据心理学，我们可以从每个人走路姿势的不同中找出姿势与其内心的联结点。

走路姿势是一种习惯，也是内心世界的一种表现。在销售工作中，如果销售员可以从客户的走路姿势中看出他们的性格，就可以根据他们的内心想法投其所好，与他们进行良好的沟通。

案例40　销售员根据"行走健步如飞，做事雷厉风行"洞悉客户性格

蒋婷是某房地产公司的置业顾问，前几天，一位经朋友介绍的客户联系上了她，蒋婷便邀请客户来售房部详谈。到了约定的那一日，蒋婷在售楼中心的大厅门口等待客户。

刚到八点，一个个子很高的中年男子向她这边走来。这名男子走路健步如飞，看起来是个性子很急的人，蒋婷知道，这种人做事一般不喜欢拖泥带水。

双方相互介绍后得知，这位客户是某公司的部门经理，因工作调动需要，想在本市购买一套房产。根据客户的要求，蒋婷介绍了几套户型。没多久，客户便选好一套并要求去看房。

蒋婷发现，客户虽然办事雷厉风行，注重效率，但有些草率，很多细节还没有了解清楚，他就急着看房子。于是，在带客户看房子的路上，蒋婷又仔细并且很友好地向客户交代了一些细节，避免出现细节上的问题。客户听到她周到的提示，觉得蒋婷非常靠得住，很快就定下来满意的户型。

知己知彼，百战不殆。从一个人的走路姿势中看出他的性格，销售员便可在销售赛场上先行一步，夺得主动权。只要销售员善于留意和观察，并在进一步的交流中加以验证，就可以根据自己掌握的信息采取适当的应对策略，这样一来打动客户、拿下订单就不是什么难事了。

走路姿势可以分为几种类型。

（1）步履平稳型。这种客户精明稳健，注重实际效果，凡事三思而后行，不好高骛远，重信义守承诺，不轻信人言。销售员必须拿出实际行动才能打动他们，仅凭语言很难奏效。

（2）步履急促型。不论有无急事，任何时候都显得步履匆匆。这类客户工作效率高，敢于承担责任，精力充沛，喜欢面对各种挑战。只有符合他雷厉风行的性格才能让他觉得满意，太多没用的客套和话术反倒容易激起他的反感。

（3）上身微倾型。走路时上身微微向前倾斜的客户个性比较平和，略显内向，

谦虚而含蓄，不善言辞；外表冷漠内心温暖，极重情义，一旦被他引为知己，便能收获巨大。

（4）昂首阔步型。这类客户往往以自我为中心，凡事靠自己，对人际交往比较淡漠，但思维敏捷，做事有条理，富有组织能力，习惯于始终保持自己的完美形象。

（5）款款摇曳型。有这种走路姿势的多为女性客户，她们腰肢款摆，摇曳生姿，为人坦诚热情，心地善良，容易相处，无论是在工作还是生活中，她们都是极受欢迎的人。

（6）步履整齐双手规则摆动型。这种姿势类似军人的走路姿势，事实上，这类客户也对自己严格要求，怀有军人般的坚强意志，但也容易走向极端，不易为人所动。

> **销售技巧**
>
> 谁都要走路，有的人走路昂首挺胸，充满自信；而有的人走路低头哈腰，无精打采。一个优雅端庄的走路姿势给我们带来的不仅仅是审美上的愉悦，更能让客户对我们感到信任。因此，我们不仅要学会辨识客户的走路姿势，更要修习自己的走路姿势。

五、客户抚摸下巴，给其时间思考和决定

"这是一个强劲而富有内力，成熟而又深刻的形象。那生命感强烈的躯体，在一种极为痛苦状的思考中剧烈地收缩着，紧皱的眉头，托腮的手臂，低俯的躯干，弯曲的下肢，似乎人体的一切细节都被一种无形的压力所驱动，紧紧地向内聚拢和团缩，仿佛他凝重而深刻的思考是整个身体的力量使然。"

《思想者》作为世界著名的艺术作品，让人一眼就能感到其深邃凝重的思考，而其中最经典的动作无疑是手托下巴的姿势，哪怕是没有听说过这件雕像的人也会一眼看出其思考状态。那么，为什么一个手托下巴的姿势能带来这么多的信息呢？

下巴位于头部的最下方，是头部动作的指南针，而手部动作也是承载信息的主要部分，当这两者配合在一起的时候，必然会表现出远超于两者单独展现的效果。人们在想事情的时候会习惯性地摸下巴，如果客户摸着下巴不说话，表明他心中已有触动，销售员说中了他的需求，开始影响他，所以客户开始进入评估，在心中对销售员所说的话进行判断和过滤。

第五章
破译客户身体语言密码，读懂话语背后的潜台词

案例 41　销售员没有读懂顾客的姿势，顾客只能落荒而逃

在一家新开的书店里，一对年轻夫妇想给孩子买几本百科读物。店员徐宁过来与他们交谈，并根据他们的要求推荐了一套不错的丛书。经过简单介绍后，夫妻俩表示要考虑一下，男人左手托着右臂，右手抚摸着下巴，看着那套丛书思考，妻子则在随手翻阅。

徐宁看两人不说话，便接着道："您看的这套书的装帧是一流的，整套都是这种真皮套封烫金字的装帧，如果摆在您的书架上，肯定非常好看。"

男人随意"嗯"了一声，继续保持那种姿势。

徐宁以为顾客对产品有所疑虑，于是接着说："本书内容编排按字母顺序，这样便于资料查找。每幅图片都很漂亮逼真，比如这幅……多美。"

男人有些不悦地说："你说……"

徐宁没等顾客把话说完就抢着说："我知道您想问什么！本书内容包罗万象，有了这套书您就如同有了一套地图集，而且是一本附有非常详尽地形图的地图集。"

男人被徐宁的抢话弄得十分不悦，于是他说："我恐怕不需要了。"然后和妻子离开书店。

其实，顾客抚摸下巴的姿势就是在暗示"请稍候，我要考虑一下"，也就是说这个时候徐宁应该等待顾客做出决定，然后进行新一轮的推销，而不是三番两次地打断顾客的深思，这最终迫使顾客离开书店。

当然，手托下巴是一个复杂的动作，不仅仅局限于一个简单的思考，比如双手托下巴、单手横向托下巴、单手竖向托下巴等，都表示不同的心理状态。

1. 双手托下巴

小女孩往往双手托下巴，显得十分可爱。双手托下巴其实是一种寻求自我安慰的动作，人把自己的手幻想成可依赖的对象，表明内心世界十分复杂且心事重重，漠视周围的环境，只想沉浸在自我思绪中。这种人多为浪漫主义者，思维活跃但行事不按常理。

2. 单手横向托下巴

手掌托住下巴，手指托住脸颊，这是很典型的思考姿势。如果客户做出此动作，这说明他对推销已经动心了，正在心里评估、判断和过滤。这时销售员要忍住自己的表达欲望，给对方足够的时间思考和决定。

3. 单手竖向托下巴

手掌托住下巴，指头蜷曲着放在鼻子上不断地点着。保持这种姿势的人一般正

处于十分无聊的状态，或者对话题不感兴趣，并正以看热闹的心态对待销售员的"表演"。这种动作十分具有欺骗性，表面上他是在托着下巴思考，其实是在自顾自地玩着手指。

4．单个手指托下巴

将食指伸在脸颊上而用拇指托住下巴，其他手指蜷曲着放在嘴唇和下巴之间。这是思想比较严谨的人的专属姿势，他们内心持有强烈的批判态度或正打算用截然相反的意见去说服对方。如果客户做出了这种动作，那销售员一定要小心，因为接下来他可能就要对你的观点进行反击了。

5．不自觉地抚摸下巴

抚摸下巴是最常见的托下巴形式，一般是人们在思考时的不自觉动作，如果销售员在客户抚摸下巴时频频打断，那就预示着销售活动的失败。

> **销售技巧**
>
> 如果客户正在以抚摸下巴之姿考虑做出什么决定，那他们接下来的手势就变得格外重要，因为这往往预示了销售的结果。销售员要冷静观察，捕捉肢体语言的信息，做好应对准备。例如，双臂和双腿彼此交叉是一个否定的信号；而双臂舒展，身体前倾，则表示肯定。

六、坐姿暗藏玄机，巧识客户不安的内心

空城计在中国可谓是人尽皆知，那司马懿为什么会被坐于城楼之上的诸葛亮吓跑呢？因为司马懿不会看坐姿！假使他能从诸葛亮的坐姿中看出他的心理状态，那胜负就未可知了。可惜，或许是距离太远看不清动作，或许是诸葛亮太会掩饰，结果生生骗过了司马懿。

其实，坐姿在销售工作中十分重要。不管是拜访客户还是商业谈判，都需要双方坐下来会谈，此时销售员就可以从客户的坐姿中发现许多被他刻意隐藏的秘密。

案例 42 坐立不安的客户遇到无动于衷的销售员，不懂坐姿惹麻烦

在李涛的盛情邀请下，客户终于答应来公司参观，并就合作事宜进行详谈。这天上午，客户很早就来到了李涛的公司。李涛带着客户进行了简单的参观，

第五章 破译客户身体语言密码，读懂话语背后的潜台词

介绍产品详情，然后双方开始会谈。

由于产品质量优良，性能可靠，性价比又比较高，因此客户比较满意。客户以十分放松的姿势坐在会客厅的沙发上，与李涛交流。

此时，客户的手机突然响了，他便出去接听电话，原来是单位有急事需要他赶回去处理。本来这是件很好处理的事情，但这位客户恰好是个比较委婉的人，在李涛的盛情接待下，他不好意思直接说出来，便几次婉言暗示。

也不知道李涛是真的没听懂还是故意不想放客户走，反正就是不理会客户的暗示，还在说个不停。而客户变得坐立不安，一会儿抖抖腿，一会儿挠挠头，不曾想李涛依然无动于衷。

最后，无奈的客户只好直说："抱歉，单位还有事，我要先走了！"

结果可想而知，客户回去后就被领导骂了一顿，后来不管李涛怎么联系他，他都一直拒绝，更别说达成合作了。

案例中的内容其实在生活和工作中经常出现，销售员要引以为戒。当销售员进行面对面的交谈时，对细节问题的把握就更为重要了，而坐姿更是其中的重中之重。

7种主要坐姿

弹弓式　起跑者　跷二郎腿　骑跨式　准备就绪　正襟危坐　抖腿

（1）骑跨式坐姿就是骑跨在椅子上，希望借椅子获取支配与控制的地位，同时也体现了利用椅背保护自己的心理。习惯于骑跨椅子的人一般行为相当谨慎，希望寻求一种安全状态。

（2）弹弓式坐姿往往意味着冷酷、自信、无所不知，一般情况下，这种坐姿还伴随着把手放在后脑勺上的动作。客户试图用这种姿势给销售员施压，故意营造出一种轻松自如的假象，以此麻痹销售员。

（3）准备就绪的坐姿。如果客户在听完销售员的介绍后做出准备就绪的坐姿，那么这多半代表他已经在心理上赞同了销售员的话语。如果此时销售员乘胜追击，那么客户给予肯定回答的概率会超过一半。

（4）起跑者的姿势。身体前倾，双手分别放在两个膝盖上，或者身体前倾的同时两只手抓住椅子的侧面，就像赛跑中等待起跑的运动员一样。保持这种姿势的客

户往往正在试图结束对话，预示着这可能是一场失败的会谈。

（5）正襟危坐，两脚并拢并微微向前，整个脚掌着地。保持这种姿势的人一般真挚诚恳，襟怀坦荡，做事有条不紊，但容易较真，力求周密而完美，有时甚至有洁癖倾向，也可能拘泥于形式而显得呆板，缺乏足够的创新与灵活性。

（6）跷二郎腿。这说明客户比较自信，也比较放松。如果跷着二郎腿的同时还一条腿勾着另一条腿，那就说明客户为人谨慎、矜持，没有足够的自信，做事有些犹豫不决。

（7）抖腿，而且还喜欢用脚或脚尖使整个腿部抖动。这种人最明显的表现是自私，凡事从利己角度出发，对别人很吝啬，对自己却很纵容。同时，这种姿势很可能给对方留下一个极为不雅的印象。如果销售员在会谈时抖腿，生意多半会因此终结。

由此可见，客户的坐姿里面蕴含着巨大玄机，客户怎么坐，腿怎么放，这都需要销售员识别其中的含义，并以此调整自己的反应，保证推销的顺利进行。

> **销售技巧**
>
> 坐姿与心理的影响是相互的，也就是说，销售员除了可以根据客户的坐姿来看透他的内心外，还可以调整他的坐姿以改变内心状态。比如，销售员可以邀请客户坐更低的沙发，这样就会使他的心理地位下降。总之，根据情况适时调整策略，才能保证自己立于不败之地。

七、客户点头如"鸡啄米"，这不一定是感兴趣的体现

在大多数人的印象中，点头表示赞同或肯定，摇头则表示反对或否定。这两个动作的含义似乎是天经地义的。

想一想，小时候父母、老师的点头是不是让我们开心不已，摇头是不是让我们心生恐惧；长大后领导的点头是对我们的肯定与鼓励，而摇头则让我们担忧自己的前程……慢慢地，我们越来越将点头肯定、摇头否定的规则当作金科玉律，从不曾对它产生怀疑，但事实真是如此吗？

第五章
破译客户身体语言密码，读懂话语背后的潜台词

案例 43　聪明反被聪明误，客户别有含义的点头让销售员黯然离去

韩乐是某上市公司销售部门的工作人员，虽然他刚来公司不到两年，但已成为部门的佼佼者，每个月的销售业绩都名列前茅，受到了领导的鼓励和好评。

这天，韩乐像往常一样去拜访某客户。他拜访客户之前会将客户可能用到的资料都一并带上，这次也不例外。一见面，凭借着自己丰富的销售经验，没过多久客户便基本接受了韩乐的推荐。

于是，韩乐从包里拿出两份资料，分别是两种不同的合作方式。一种是将客户发展成地区独家代理商，但这需要巨大的资金投入；另一种是上货销售，这样虽然可能面临竞争，但投入相对也会小很多。对韩乐来说，当然是发展代理商收益更大，但客户一般在接触新产品时比较谨慎，很少有直接独家代理的。

将资料递给客户后，韩乐便悄悄观察着客户的反应，很快他便断定客户对第二种合作方式比较满意，因为客户在看第一份资料的时候轻轻摇了摇头，而看第二份资料的时候则点了点头。

当客户问及韩乐的想法时，韩乐毫不犹豫地说："我觉得第二种合作方式更好。"

客户稍微愣了一下，接着问他原因。

韩乐说："我觉得第二种方式投资额更低，可以先对市场进行尝试，及时发现并调整策略，等市场稳定后，再转为独家代理商。"

客户听后直接表示再考虑考虑，让韩乐回去等消息。韩乐虽然觉得有些不对劲儿，但也没多想什么。

后来过了很久，客户一直没有再联系韩乐，这时他才猛然醒悟自己犯了一个错误，急忙去拜访客户。在韩乐的再三恳求下，客户终于松口了，他说："我本来比较中意第一种代理商的模式，可你却极力推荐第二种模式，这让我心生疑虑，自然也就暂时放下了。"

听到客户的坦白，韩乐苦笑着说："那您为什么看第一种方案时摇头，看第二种方案时点头啊？"

客户无奈地说："我看第一份资料摇头，是因为我觉得这种方式这么好，竟然没人和我竞争，简直不应该嘛；我看第二份资料时点头，是觉着这种方式的潜在风险一定很大，如果市场效果好，一定会有很多人竞争的，后期肯定没有利润了。"

最后，客户说了一句："我是相信你才去询问你的意见，没想到你只看我的意思，不去想哪个更适合。"韩乐听后，对客户深表歉意，然后惭愧地退出了客户的办公室。

从这个案例中我们可以看出，人在点头的时候并不一定代表肯定，在摇头的时候也不一定代表否定。所以销售员一定要先读懂对方的意思再下结论，否则就会像

韩乐一样做出错误的判断。

在双方谈话时，如果客户每隔一段时间就向销售员做出三四下点头的动作，点头的速度比较慢，同时伴随着"嗯""对"等肯定的回答，那就说明他对谈话内容比较感兴趣；如果对方快速点头，并且用较快的语速说"对、对、对"，除了传达肯定的意思外，还有可能是在表达"不要再说了，我已经没有耐心了"，想要结束谈话；如果对方缓缓地摇头，一般表示否定的观点；如果对方小幅度的快速摇头，并伴有低头的动作，很可能是一种害羞的姿态。

如果销售员一直受缚于自己的固定思维，就会在现实中屡屡碰壁。因此，销售员一定要从现在起改变心态，根据时间、地点、双方态度等具体情况的不同理解对方的点头或摇头。明白了"点头不一定代表肯定，摇头不一定代表否定"的道理，销售员才能保证自己在会谈中不犯理解上的错误。

> **销售技巧**
>
> 点头与摇头在不同文化背景、不同地区也有着不一样的含义，比如在印度、伊朗、保加利亚、希腊等国家，人们通常用点头来代表否定，摇头表示肯定。还有一些国家，点头代表"我听懂你的话了"，而非"我赞同你的观点"。

八、根据空间距离，丈量客户的心理距离

美国人类学家爱德华·霍尔曾说："空间也会说话"。也就是说，通过人与人之间的空间距离，我们可以丈量出两者之间的心理距离。一般来说，彼此之间的空间距离与心理距离成正比，也就是说，身体离得越近，心理关系越近；身体离得越远，心理也将拉开距离。

人与人之间存在着一道看不见但实际存在的界限，这就是个人领域的意识。因此，根据远近的不同，我们可以将交际中的空间距离分为以下四种：亲密距离、个人距离、社交距离和公共距离。

（1）亲密距离是指彼此身体很容易接触到的一种距离，大概在 15 厘米至 45 厘米之间，甚至可以紧挨在一起。可想而知，这么亲密的距离只有最亲近的人之间才能保持。所以，这一般是情侣、夫妻、父母子女或很要好的朋友之间的距离。

（2）个人距离更远一些，大致在 45 厘米以上、1 米以下。这个距离既可以保证双方拥有足够的互动，如握手，又不至于因太过亲近触碰到对方的身体。普通的熟人和朋友之间多采用这种距离，不过有时有些人为了向对方示好会故意采取这种距离。

第五章
破译客户身体语言密码，读懂话语背后的潜台词

（3）再远一点儿的话就是社交距离了，这种距离的范围比较大，一般在 1 米到 3 米之间。普通的会议、拜访、会谈常常采用这种距离，彼此之间有联系，却又没有必须沟通的压力。

（4）公共距离则是指人们在公共场合的空间需求，一般都在 3 米之外，如在图书馆看书、公园散步、马路上行走等。当然，公交车、电梯等特殊场合或拥挤的商场、排队等特殊情况除外。

根据以上观点，我们可以总结出，"身体距离"的变化可以暗示出谈话者心理距离的变化。这些不同的身体距离，不仅可以帮助我们判断双方的人际关系，还能对我们处理人际关系发挥重要作用。

双方谈话时，如果我们一靠近，对方马上采取逃避、防卫的姿态，那就代表我们侵犯了他的安全空间；相反，如果对方对我们的靠近没有反应，那就代表一种了认同，说明对方与我们的关系正在接近。

例如，当我们与对方之间的距离由社交距离变为对友人使用的个人距离时，就很容易把亲切与热忱传达给对方。要知道，一百封邮件也比不上一次促膝长谈，这就是距离带来的效果。

销售员要善于通过客户与自己保持的距离来透视客户的心理，还要善于用空间的转换来拉近双方的距离，增进彼此的感情，进而接受所推销的产品。

案例 44　距离产生美，离得太近让客户倍感压力，会谈草草结束

何亮被委派接待某位来公司参观的客户，结果他在安排会谈座位时发生了意外。本来两个单人沙发中间应该放有一个茶几，但最近那个茶几坏了，何亮便将其撤了，而新茶几暂时没有采购，于是两个沙发就那样面对面放着。

结果，坐在何亮对面的客户一直都尽可能地往后靠，身体也向后仰，显得十分不适和紧张。本来预计进行一个小时的会谈，还不到半个小时就被客户叫停，草草结束。

可以看出，在不同的情境和关系下，人们需要调整不同的人际距离。倘若距离和情境、关系不对应的话，就会使人们出现明显的心理不适。就像案例中与何亮交谈的客户一样，被面对面接触的不适赶跑。

> **销售技巧**
>
> 人们确定彼此之间的空间距离还与性格有关。例如，性格开朗外向的人更乐于接近他人；而性格内向和孤僻自守的人就不愿意主动接近他人，对接近自己的人非常敏感，当自我空间受到侵占时，他们很容易产生不舒服感与焦虑感。

九、从客户吃的喜好看透其不同的性格

吃饭这门学问在销售工作中可谓是十分重要。其实，吃饭不仅仅是双方拉近感情的一种方式，更是销售员看透客户，了解其性格特征的重要途径。美国行为心理学家最近通过大量的事实研究证明，人的性格与口味之间存在着密切的联系。

1. 口味

（1）喜欢吃大米的人比较自恋，喜欢自我陶醉，孤芳自赏；为人处事大方得体，比较通融，但缺乏助人为乐的品质，互助精神比较差。

（2）喜欢吃面食的人夸夸其谈，能说会道，做事鲁莽，不考虑后果；意志不坚定，对一份工作很难长久坚持做下去，容易中途丧失信心。

（3）喜欢吃甜味食品的人性格像糖一样甜，热情开朗、平易近人，但有时显得有些软弱和胆小，缺乏必要的冒险精神。

（4）喜欢吃酸味食品的人性格孤僻，剑走偏锋，人际交往能力较差，缺乏真心交往的朋友，而且遇事爱钻牛角尖，但这种人一般事业心比较强，喜欢争强好胜。

（5）喜欢吃辣味食品的人善于思考，有主见，能坚持自己的想法，吃软不吃硬，但有时爱挑剔别人身上的小毛病。

（6）喜欢吃咸味食品的人为人处世成熟稳重，懂礼貌，知进退，做事有计划，埋头苦干，但有时比较轻视人与人之间的感情，略显虚伪。

（7）喜欢吃油炸食品的人勇敢冒进，希望能干一番大事业，不过一旦遭遇挫折，就会变得灰心丧气、怨天尤人。

（8）喜欢吃清淡食品的人擅长社交，人际关系较好，注重交际和接近他人，希望多交朋友，不愿单枪匹马行事。

2. 习惯

除了食物口味外，吃饭的习惯也会暴露对方的性格秘密。

（1）细嚼慢咽型：这种人一般很懂得享受生活，对事情有恒心，有毅力，有耐心，喜欢将一切事物掌控在自己手中。但这种人也容易对某些事物过于偏执，显得比较自我和死板。

（2）狼吞虎咽型：这是一种讲求实际的人，他们一般都很有雄心，目标感较强，且乐于尝试新鲜事物，做事雷厉风行。这类人通常会以他人为先，但经常缺乏耐心，容易急躁，不太会享受生活，不懂得给自己留时间和空间。

（3）分类进食型：这种人喜欢一切都有条不紊地进行。他们可以把工作和生活打理得井井有条，但缺乏灵活性，一旦出现意外事故，很容易情绪崩溃。

第五章
破译客户身体语言密码，读懂话语背后的潜台词

（4）顺序进食型：按顺序进食的人，一般注重细节，行事小心谨慎，三思而后行。这种人同样死板守旧，不知变通，因此人际关系比较差。

（5）混合再吃型：喜欢将食物混在一起吃的人，一般性格开朗外向、坚强乐观，在社交活动中常常充当明星人物。俗话说，言多必失，这类人常常会让人觉得其爱说大话，口无遮拦，而且他们做事的专注力不够，不能坚持。

（6）发出声音型：这种人一般性格坦率、单纯，没有什么心计，敢于表露自己，不太在意别人的眼光，喜欢随着自己的内心前行。但这种随意的习惯也会被很多人认为是无礼和粗鲁。

（7）切碎再吃型：将食物切碎是为了更好地吃饭，这种人一般拥有超前的思维，他们努力进取，为远大理想详细规划。但不足的是，有时太过注重规划，容易忽略眼前的机遇或风险。

（8）冒险型：喜欢尝试稀奇古怪的食物的人，一般思想开放、勇敢、讨厌一成不变的生活。作为第一个吃"螃蟹"的人，他们往往能创造某个新兴行业，但也容易遭遇重大失败，就像鲁迅先生说的："既然像螃蟹这样的东西，人们都很爱吃，那么蜘蛛也一定有人吃过，只不过后来知道不好吃才不吃了。"

（9）挑剔型：对食物比较挑剔的人，一般都比较保守，习惯于在几种固定的事物中挑选，对陌生事物十分抗拒。与这种人相处时，销售员千万不要试图改变他们的习惯，否则很容易遭到他们的抵制和对抗。

案例 45　餐桌上的小发现，让保险销售员赢得大订单

赵淼是某保险公司的销售员，在这个大家都对保险销售员避之不及的社会中，她却保持着极高的销售业绩，让同事们非常羡慕，大家都向她请教一些销售秘诀。于是，赵淼就向大家讲了她前几天拿下一个大订单的故事。

客户是某科技公司经理，虽然有购买保险的意向，但是屡次拒绝赵淼的拜访请求。最后，在赵淼三番五次的请求下，客户才勉强答应在午饭时间与她进行短暂的会面。

赵淼在客户附近的那家餐厅落座没多久，客户就来了。映入眼帘的是一位衣着严谨的中年男士，尽管现在是夏天，但他的西裤与衬衣依然穿得十分整齐。互相寒暄后，客户直接点餐，没给赵淼做主的机会。

赵淼注意到客户吃饭时正襟危坐，像是担心将衣服弄脏，吃饭的动作中规中矩，既不太快也不太慢，而且他从不将食物混在一起吃，而是将一种食物夹到盘子里，吃完以后再去尝试别的食物。

根据客户的吃饭习惯，赵淼断定客户性格偏执，是一个完美主义者，与这

种人打交道，最重要的是满足他的偏执性格，否则就很容易被他拒绝。于是，她在吃饭时也保持与客户类似的习惯，而且没有像平时一样过多地介绍保险，仅仅与客户说了很少的几句话。

等到客户吃完了，赵淼才将事先准备好的资料拿给客户，并着重强调其中的数字和事实，并且在语言中不断暗示缺乏保险的风险，让客户产生一种忧虑感。

果然，客户说："你的这个计划很完美，我很赞同，不像其他销售员一样总是拿着漏洞百出的计划来找我，自己都还没搞明白就想着销售给别人，那不是骗人吗？"顿了顿，客户继续说道："这里不是谈话的地方，我们回办公室继续聊。"

从客户的吃相上发现他的性格密码，销售员便掌握了会谈的主动权。这要求销售员必须要学会细心观察，有一双善于发现的眼睛，能从细节中发现有价值的东西。

> **销售技巧**
>
> 世界各地甚至全国各地的吃饭习俗也是不尽相同的，销售员一定要根据客户的文化背景和实际情况来判断，千万不要凭借一项特征就轻下判断。例如，"东辣西酸，南甜北咸"，这种文化传统造成的口味差异与性格无关，这一点一定要注意。

第六章

摸透客户性格，寻找不同客户的心理突破点

不同的客户，其性格、心理、气质、想法也会相异，如果只会"三板斧"就想拿下所有客户，那无异于痴人说梦。因此，销售员要善于从客户的言行举止中发现他的性格特征，然后针对不同的客户选择有针对性的销售方式，这样才能让自己的销售工作事半功倍，否则只会使生意泡汤。

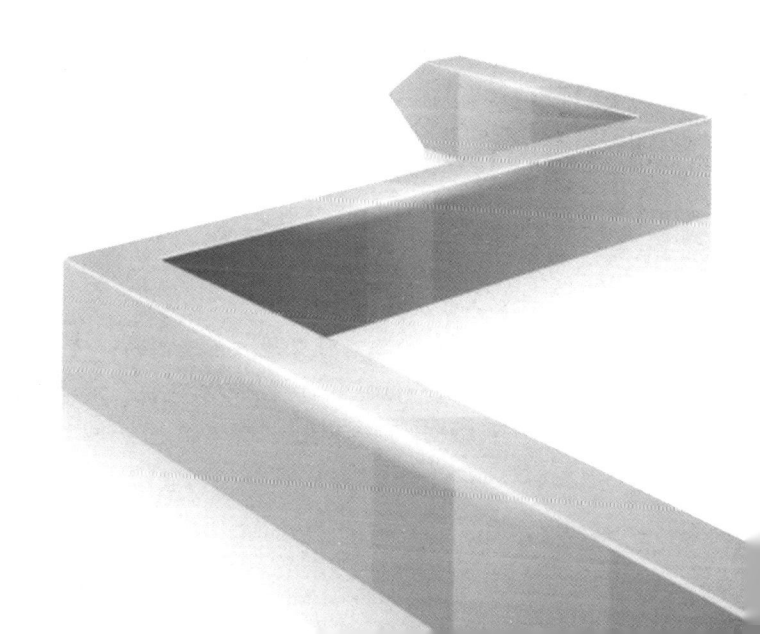

一、犹豫不决型客户：解决其困惑，帮助其做出决定

情绪不稳定，忽冷忽热；做事缺乏主见，但喜欢逆反思维，总是盯着事物坏的一面而不去想好的。这种性格的人就是犹豫不决型。

销售员在和各种各样的客户打交道时，经常会发现有些客户总是犹豫不决，眼看马上就要签单，但几天后客户还是杳无音讯。尽管当时客户非常肯定所推销的产品，但客户还是没有购买产品。

于是，很多销售员抱怨："客户认可我们的产品，也具有强烈的购买欲望，但是谈了很久他仍然是一副犹豫不决的样子。我真不知道如何劝服那些犹豫不决的客户了。"

其实，遇到犹豫不决的客户销售员应该感到欣慰，因为犹豫不决往往意味着客户基本认同产品，只是自己的完美主义倾向使其难以下定决心。既然客户已经在这件产品上犹豫了很久，也浪费了很多时间，他怎么会甘心一无所获呢？

只要销售员能抓住机会，明确客户犹豫的真正原因，就能相应地消除对方的疑虑，给对方提出合理建议，帮助他尽快拿定主意。

案例46　保险销售员耐心解释，举棋不定的客户放下担忧

尽管张莹百般努力，但是客户依然举棋不定、犹豫不决。直接放弃客户未免太过可惜，可如果继续跟单又怕浪费时间，客户的犹豫让张莹也陷入了进退维谷的境地。

于是张莹对客户说："其实您完全可以放心，这款保险产品和我去年买的一模一样，我总不能连自己都骗吧？"

客户惊讶地问："是吗？你们自己也买保险啊？"

张莹："当然，正是因为我是卖保险的，对保险比较了解，知道它的好处，所以才更要对自己负责，选择一款合适的保险产品。"

客户若有所思地点点头说："其实我之前也仔细了解了这款产品，只是……"客户再次陷入了沉默。

张莹接着说："您有什么地方不清楚的，可以提出来，我再给您解答一遍。您如果满意就买一份，不满意了回头再说，您看怎样？"

客户再次犹豫了一下说："听说这个险种如果买五份，到期后给我五万，如

第六章
摸透客户性格，寻找不同客户的心理突破点

果人身故了，但保险还没到期，这个钱怎么处理呢？"

……

客户："如果买了一年期的险种，结果我没出意外，那岂不是白交钱了？"

张莹解释道："您要知道，保险和买彩票可不一样，虽然出意外和中奖的概率都很低，但买彩票是为了得到那个很低的概率，买保险正好相反，就是要规避那个很低的概率。低概率并不等于不会发生，一旦发生意外，将会产生我们难以承受的后果。所以虽然我们看似白花钱了，但健康、安全有了，这不正是我们想要的吗？"

客户："你说的也对，不过我现在感觉身体还行，买保险会不会有点儿杞人忧天？"

张莹："俗话说得好：'天有不测风云，人有旦夕祸福'。去年我的一个客户，本来打算给自己孩子上保险的，后来也是出于和您相似的想法放弃了，最后孩子在家玩耍时出了意外，在医院里住了两个月，花了将近十万。您想一下，如果他们当时及时给孩子买保险了，那就可以报销一大半了啊！"

等客户消化了一下后，张莹继续说："这样，姐，您看我们已经沟通多次了，咱们也算是有感情了。您不妨先买一份看看，感觉不错就帮我们做个义务宣传。另外，您以后也不用天天为这个事情操心了，可以安心做您的工作了。您看怎么样？"

客户："那好吧，就按你说的办。"

虽然犹豫不决型客户常常有很多疑虑、担忧，难以下定决心，但销售员不能轻易放弃，而要抓住任何一个机会，向客户提供自己的建议，建立双方的信任关系，必要的时候可以强势一点儿。当然，给建议并不是要销售员无中生有、信口开河，而是根据具体情况帮助客户做出最有益的决定。

> **销售技巧**
>
> 犹豫不决是一种很常见的性格特征，与事情的大小无关，很多人甚至连午饭吃什么都难以决定。其实，他们之所以犹豫不决，主要是缺乏某种安全感，因此，销售员要设法通过建议、承诺等给予他们信心。客户的信心有了，安全感足了，自然也就开心地下单了。

二、分析型客户：耐心讲解，使其觉得物有所值

分析型客户比较注重细节，他们极为理智，相信自己的判断。对他们来说，选购一件商品需要经过深思熟虑后再做决定，一般不会因为自己的好恶就决定买或不

买。他们的决定是建立在对翔实资料的分析和论证的基础上的，因此，他们在选购商品时总会慢条斯理，表现得十分谨慎和理智。

这种类型的客户往往比较朴实，着装也很简单，有时会显得有些书生气。虽然他们话语不多，但总能击中要害。他们就像专家一样，在购买产品时精心策划。同时，他们的观察力也十分敏锐，善于捕捉产品或者服务中的任何细节，同时会把产品的所有信息收集起来进行分析。

对他们来说，选择某种产品一定要多联系几家供应商，货比三家，选择其中性价比最高的一家。他们常常会提出一些十分重要、尖锐的问题，如果销售员能给出合理答复那就还好，如果销售员试图逃避一些问题，就会大大增强他们的疑虑。因此，对他们提出的问题，销售员最好给予明确的答复，不逃避、不回避。

分析型客户比较理智，有原则，有规律，他们从不会因关系的好坏和个人的喜恶来选择供应商，而是经过分析对比后，做出最理智的选择。

如果销售员使用强行公关、送礼、拍马屁等方式来试图拿下订单，最后只能适得其反，影响自身的形象。与其如此，还不如坦诚沟通、直率交流，既不夸大其词，也不溜须拍马，直接将产品的优势劣势直观地展现在他们的面前，让他们明白自己能从产品中得到什么，付出多大的成本，这样一来，只要产品有足够的竞争力，那交易成功的概率就会大。

案例 47　同一产品出现不同结果，原来是资料和数据助力化工销售员

薛珊是某化工原料公司的销售员，公司的主营产品是化工原料，质量很好，价格便宜，在市场上很有影响力。有一次，某农药厂需要一批化工原料，薛珊就去拜访了这家公司的负责人。

一见面，薛珊就展开了自己的"游说"，充分展现自己的话术，但是她根本没有考虑该客户的特点，结果沟通多次单子也没有签下来，尤其是当薛珊提到很多同类企业都在自己公司采购后，客户竟然有些疏远薛珊了。

由于久久没有进展，薛珊的同事刘斌接手了这笔业务。他先是分析客户的心理类型，然后在拜访前准备好产品的各项资料，在与该客户沟通时，他并没有过多地客套或寒暄，而是将谈话重点放在了技术方面的讨论上，向客户解释产品的各项技术特点。没过多久，客户就跟刘斌签了这笔订单。

为什么推销同一厂家的产品，薛珊与刘斌却得到不一样的结果呢？因为案例中的客户属于分析型，这种人格外讲求事情的准确性，分析能力和观察能力都很强。

对他们来说资料与数据才是最重要的，话术或寒暄只会让他们厌烦。销售员在向他们推销时，应该尽可能多地提供一些资料和数据，满足他们的分析愿望。

从众心理在这类客户这里没有用武之地，因为他们不喜欢攀比，也不会简单地因为别人购买而产生购买冲动，即使他们身边的人已经买了同样的产品，他们也会深思熟虑，基于自己的分析才能决定是否购买。

> **销售技巧**　在与分析型客户的交流过程中销售员应注意以下几个方面的问题：第一，选择恰当的提议时机；第二，资料及数据要极具说服力，保证数据的时效性；第三，设想客户质疑，事先准备答复；第四，说话简明扼要，重点突出。

三、标新立异型客户：给他独特的体验和产品

每个客户都是单独的个体，他们都有自己独特的性格、心理和爱好。因此，销售员应该针对不同客户的特点使用不一样的技巧，做到随机应变，对症下药，为每位客户提供最合适的服务方式。

如果客户衣着时尚，言谈活跃，思想新颖，不拘一格，并且喜欢抒发个人感想，对奇闻逸事及新鲜话题十分感兴趣，那么他们可能是标新立异型客户。这种类型的客户一般个性比较自由，想法较多，但他们常常不拘小节，没有极好的时间观念，而且还有可能向销售员提出一些奇怪的要求。

对他们来说，购买一件商品最重要的既不是价格也不是品质，而是其新颖、独特的程度，换句话说，只有那些能满足其猎奇心理并使其显得与众不同的商品才能征服他。与标新立异型客户会谈时，销售员可以摆脱商业化的形式，选择一个非正式的场合会面，比如咖啡厅、茶吧等。沟通时，销售员不能像平时一样仅仅强调产品本身，更应该充分发挥自己的口才，甚至表现得口若悬河，天文地理、琴棋书画、诗词歌赋、医卜星象样样都是谈资。

如果销售员的讲述能触及对方的"新鲜点"，让其觉得销售员知识渊博，那就可以引起他们对销售员潜在的崇拜，此时只要适时地加入产品的介绍，就有很大的机会获得成功。

案例 48　销售员一句话让正在开票的顾客脸色大变，与成单失之交臂

这天，程蕊的店里来了一位打扮时尚、个性的年轻女士。她边走边看，终

于在一件设计前卫、造型夸张的衣服面前停下脚步。程蕊见状马上走过来问:"您好,喜欢您可以试穿一下,我看您的身材比较苗条,这件衣服更能展现您的美丽。"

于是这位女士便去试了一下,衣服的颜色、样式与她的相貌、打扮都很搭配,她对这款衣服非常满意,微笑着向程蕊询问价格。

程蕊说:"这件衣服原价1119元,现在正值商场庆典期间,全场所有产品九折优惠。我看这件衣服特别适合您,您穿上去简直太漂亮了。"

顾客:"好吧,这件衣服我要了,给我包起来吧。"

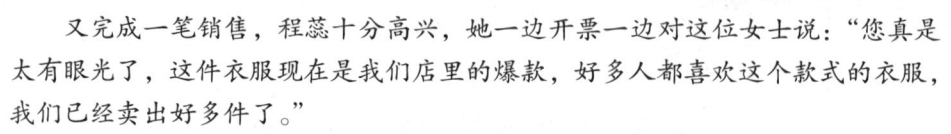

又完成一笔销售,程蕊十分高兴,她一边开票一边对这位女士说:"您真是太有眼光了,这件衣服现在是我们店里的爆款,好多人都喜欢这个款式的衣服,我们已经卖出好多件了。"

话音刚落,这位女士立刻沉下了脸,生气地说:"算了,这件衣服我不要了,不好意思。"然后在程蕊一脸吃惊的表情中离开了。

为什么这位女士在开票时突然反悔了呢?难道是发现产品有质量问题?还是身上的钱没带够?其实,让她改变主意的原因只是程蕊最后的那句话"我们已经卖出好多件了"。作为一位标新立异型客户,"撞衫"是一件令人难受的遭遇,她怎么会接受一件很多人买了的衣服呢?

> **销售技巧**
>
> 面对标新立异型客户,销售员可以说"先生,您这件衣服可真有个性,有种与众不同的感觉。""女士,您可真有眼光,竟然将我们今天刚上架的衣服都挑走了,您可是第一个购买的。"不要觉得这种话不好,这种类型的客户想要的就是这种与众不同的感觉。

四、炫耀型客户:适当恭维,为其提供满足虚荣心的产品

炫耀型客户虚荣心强,喜欢自我吹嘘。他们自命清高,对周围的人和事总是抱着一种居高临下的态度,用对他人的轻视来显示自己的见识、品位。在销售中,当销售员向这类客户介绍产品时,经常会出现的一种情况是,客户不以为然地说:"这算什么啊,我见过的××比这个好多了……"

第六章
摸透客户性格，寻找不同客户的心理突破点

其实，他们的炫耀是在追求一种自我心理的满足。在消费方面的表现就是，不管买什么东西都要讲究最好、最贵、最能体现身份。哪怕这件产品对他们没有任何实际用处，只要能满足自己炫耀的心理，他们也会毫不犹豫地购买。

既然这类客户这么喜欢吹嘘，销售员不妨设法满足他们的需求。在销售过程时，销售员可以先不提产品，而是夸耀他们，让他们有一种飘飘然的感觉。当他们自我吹嘘时，销售员要充当一名"忠实的听众"，少说多听，及时称赞，还要表现出一副崇拜羡慕的神情。销售员要给他们创造充分表现的机会，使他们的虚荣心得到满足。这样一来，客户会变得非常自信，并对销售员产生极大的好感，愿意同其接触，这时销售员再切入主题推销产品，那将无往不胜。

案例49 高傲的炫耀型客户被糖衣炮弹击倒，爽快掏钱

苏玲是某品牌服装店的经验丰富的销售人员。这一天，店里来了一位与苏玲年纪相仿的女士。

从对方的衣着打扮上可以看出这位女士是一位高档消费者，于是苏玲直接将她引到高档服饰区，并给她介绍了几件新款衣服。两人一边挑选衣服一边聊天，从谈话中，苏玲得知这位女士是某大型公司的财会人员，丈夫更是公司的高管，两人每月的收入都很高，购买时尚服装对她而言可以说毫无经济压力。

从客户的言谈举止中苏玲还看出，这是一位喜欢炫耀的顾客，因为她总是时不时地提到自己的各种奢侈品，并让苏玲对她新买的包进行评价，苏玲自然是一番称赞，夸得顾客眼睛都快飞了。在挑选衣服时，苏玲还很真诚地夸赞她有眼光、有品位。

被苏玲多次夸赞的顾客非常开心，一连试了好几件衣服。这时苏玲又向她介绍了一件连衣裙，顾客试过以后感觉很好，苏玲也适时地向她投去美慕的眼光，并说："您穿上这件衣服真是漂亮极了，既高贵又时尚，更显得身材苗条。"

苏玲的夸赞让这位顾客的虚荣心得到了极大的满足，虽然这件连衣裙的价格高达5000多元，但她还是很爽快地掏钱购买了。

接待炫耀型客户时，销售员要暂时忘记自己，将客户摆上"神坛"。切忌不能和客户在沟通中发生冲突，销售员赢了嘴上功夫，却可能输了订单；故意示弱，反而会收到"惊喜"。所以销售员一定要让客户觉得我们是在真心夸赞他，这样一来他的自尊心才能得到最大程度的满足，销售业绩也才能得到最大程度的提升。

销售员要尽快让他们的虚荣心得到满足，使他们变得冲动，购买欲高涨，等他们夸下海口、骑虎难下的时候，销售员一定要把握机会，快速逼定、签约、交易，保证一击必中。当然，销售员也要婉转清晰地告知客户一些必需的法律责任和义务，

免得成为他日后反悔的借口。毕竟他们的虚荣心总有消退的时候,而理智下的他们常常会为自己的冲动购物感到后悔。

> **销售技巧**
>
> 对其他类型的客户来说,物美价廉可能是他们对产品的要求,但炫耀型客户不同,对他们来说,产品是否物美不重要,但绝不能价廉。在他们眼里,销售员向他们推荐廉价产品是对他们的侮辱,会让他们十分不满,所以销售员一定要注意这一点。

五、专断型客户:尽量服从,满足他的支配欲

在销售过程中,销售员经常会碰到专断型客户。他们有着自己的想法和主意,销售员的各种话术和技巧很难影响他们,而且销售过程中他们往往很少说话,销售员根本无法获知他们的内心想法。有时销售员还要面对这种客户的许多不合理的要求,而一旦销售员不能使其满意,他们就会果断地选择离开。

专断型客户习惯于以自我为中心,希望周围的人都受命于他的意志。正因如此,销售员在销售工作中要把这种客户放在主导者的位置上,给他创造充分的选择机会和空间。如果销售员不知进退,采用热情的介绍和积极的推销来应对他们,就会引起他们的不满和排斥。

需要注意的是,专断型客户最厌烦的推销方式就是强制性推销,销售员越热情,他们就越抗拒;销售员越积极,交易就越难达成。因此,在遇到专断型客户时,销售员最好的选择是服从。

案例 50 销售员"逆来顺受""忍气吞声",拿下"刺头"客户

得知领导将自己分到蒋成那里做产品的分销,郭微就在心里暗暗叫苦。在平时的合作中,提要求最多、问问题最多、惹事情最多的就是蒋成,公司里的销售员都不敢"碰"他,也不知道领导为什么派了自己去。无奈的郭微只好听天由命,她抱定"打不还手,骂不还口"的想法,只盼着自己的运气能好些。

第二天,郭微早早地来到蒋成的公司拜访他,不过他正好临时有事,于是

约定转天再去。这天早上9点,郭微一迈进办公室就遭到了蒋成的指责:"不是跟你说早点儿过来吗?你看看现在都几点了?"(客户公司8:30上班)

尴尬的郭微低着头没敢说话,心想:"这个客户真难缠啊。"

接着蒋成向郭微讲了他们公司的一些规章制度,并让她先熟悉一下公司的环境,俨然把她当成了自己的下属。郭微只能忍气吞声。

几天后,蒋成安排郭微与公司的业务人员一起去二级市场跑业务,郭微发现这里存在很多问题,她迅速给蒋成提出了解决方案,蒋成听了她的建议后却说:"你应该把这些问题和建议写成书面报告,还要详细说明具体的解决方案,这样流于形式怎么能解决问题呢?"

听到这话,郭微愣住了,心想:"这个人态度怎么这么差?我又不是你们公司的员工,好心主动帮你提问题,你还挑三拣四,真让人气愤!"不过这些话只能在心里想想,她还不敢说出来。

抱怨完之后,郭微开始寻求解决方法。在收集了大量资料,拜访了许多下级经销商后,她根据产品和公司的特点,为蒋成拟定了一整套方案。最后,这套方案得到客户的肯定和执行,产品的销量得到了很大的提升,而郭微所在的公司自然也就成了这家公司的独家供应商。

面对态度强势的客户,郭微的忍让和服从满足了客户的支配习惯,这使她得到了客户的接受和肯定。从这个案例中我们可以总结出,首先,一定要有时间观念,约好什么时间谈就一定要准时赴约,一秒钟也不能迟到;其次,保证思路清晰明了,切忌拖泥带水、闪烁其词或词不达意。

> **销售技巧**
>
> 遇到专断型客户时,为了避免与对方发生冲突,最好的方法就是销售员不要和对方的观点对立或在不恰当的时候提出反对意见,哪怕真的有非提不可的意见也要把握好方式。总之,销售员的所有行为都要立足于满足对方支配欲望的基础上,这样才能保证交易的顺利进行。

六、随和型客户:切忌狂轰滥炸,用真诚为客户制造压力

随和型客户大概是最受销售员欢迎的性格类型了,他们性格温和,比较友善,原意听销售员"唠叨"。当销售员与他们谈话时,他们既不会轻易反对销售员的说法,也不会冷漠以对,而且交流顺畅,交易爽快。既然随和型客户这么好,那为什么还

是存在很多的失败案例呢?

其实,随和型客户虽然好相处,但也缺乏主见,自由主义心态还很严重,容易随波逐流。如果销售员轻松应对就会使他们迟迟无法下定决心,变得跟犹豫不决型客户似的;如果销售员企图施压迫使客户尽快决定的话,一不小心就会激起他们的逆反心理。

那么,销售员应该如何应对随和型客户呢?

案例 51　万事俱备的订单却等不来东风,随和型客户事到临头反悔

郑谦是某进口设备在中国的代理商的一名销售人员,在某次行业聚会上,他无意间听说一家公司需要几套设备,他当即给这家公司的负责人打了电话。

郑谦:"喂,您好,是李总吗?我是××公司的郑谦,是某进口设备在国内的代理商。听说贵公司正在寻求几套××设备,我们公司正好有您需要的这种产品。如果您时间方便的话,我想拜访一下您,您看可以吗?"

李总:"哦,行,我们公司确实需要采购几套设备。这样吧,明天上午 10 点你到我办公室详谈。"

第二天见面后,郑谦和李总进行了一番详谈,李总对设备非常满意,表达出强烈的购买意向。后来郑谦和李总经常联系,双方还就设备安装的问题交谈了数次,公司内部的技术人员也登门拜访了几次,可以说是万事俱备,只欠交货了。

一共有三家比较有实力的公司进入了最后的环节,于是李总决定开一个碰头会来决定最终的结果。在这次会议中,经过几轮的会谈和比较,郑谦明显占据优势。但是会谈的最后,李总在谈到质量问题时向三家公司提出"你们以什么来保证自己的产品是最好的呢?"

正当郑谦在犹豫着提出什么保证时,第一家公司的谈判代表迅速回答:"我们的产品可以先免费试用三个月。试用满意再付款,如果不满意可以直接将设备退还给我们,全部费用将由我们公司自己承担。"

话音刚落,第二家公司的谈判代表与郑谦当即哑口无言,心想:"冒着这么大的风险免费使用,这怎么可能行呢?万一产品不合适,那将造成多大的损失啊!"就这样,不敢做出承诺的郑谦只能眼睁睁地看着煮熟的鸭子飞了。

对随和型客户来说,事到临头再反悔是一件常事。郑谦之所以没能拿下这份订单,就是因为他无力做出应有的保证,哪怕产品再好,价格再优惠,如果不能让客户放心,他们依然会选择拒绝。没有保证的交易对随和型客户来说,意味任何意外都有可能发生,因此郑谦的推销以失败告终。

因此,面对随和型客户,销售员要用丰富的专业知识和诚恳的意见、建议来为

其服务，在销售过程中多加鼓励，以期消除他们的顾虑，最后顺利达成交易。

> **销售技巧**
>
> 随和型客户表面上看起来容易相处，但实际销售很难开展。销售员常常遇到的情况就是，前一秒他还信誓旦旦要购买我们的产品，后一秒却转身投进了竞争对手的怀抱。因此，销售员一定要保持高度警惕，时刻注意客户的心理动向，避免功亏一篑。

七、挑剔型客户：满足其欲望，他会是最忠诚的

挑剔型客户思维严密，观察力强，能够在产品或服务的细节方面发现问题，常常对销售人员采取苛刻、强硬的态度，让人避之不及。面对挑剔型客户，销售员常常陷入与其争辩中，最后落了个鸡飞蛋打的局面，客户没有得到他们想要的产品，销售员也失去了订单。其实，销售员不必对挑剔型客户抱有太大的不满和敌意，"嫌货才是买货人"，客户的挑剔和不满其实是一种变相的肯定。

当客户正在发表长篇大论的批评时，销售员不妨认真倾听，给客户一种尊敬他们的感觉。相反，如果销售员置之不理或强硬反驳，客户的情绪可能会更加激动，本来很有希望的订单可能会白白丢失。同时，倾听客户的抱怨和讲述，能让销售员了解他们内心的想法和观点，为销售员发现并解决问题提供基础。

具体来说，销售员首先应该接受客户的情绪，让客户的不满有发泄的渠道和空间。其次，认真对待客户所提出来的问题，总结其中的要点，反复求证不明白的内容，要让客户觉得销售员在倾听他的问题。再次，要学会换位思考，让客户觉得销售员能站在他的立场上为他的利益思考。同时，避免出现责备、批评客户的行为，以免激起其逆反心理。最后，解决问题，不管销售员前面做了多少准备，如果问题无法解决，那一切都是空的，只有最后将问题解决了，才能让挑剔型客户失去拒绝的理由。

案例52 一个果盘让怒气冲冲的顾客平静下来，一场争端巧妙化解

一天下午，某星级酒店经理赵宇接到总台的电话，说有客人投诉。沟通后

得知，一位女士说她昨天买了五个橙子，今天早上出门时还在，现在回来却发现少了一个。

一个橙子事小，但酒店的声誉事大，赵宇赶紧联系客房部的王经理，让他查明事情真相。没多久，王经理打来电话说，服务员没有问题。

得到结果的赵宇来到了客人房间向她解释，不过客人的情绪非常激动，一口咬定是服务员拿走了一个橙子，根本不愿意听赵宇的解释。客人还说："我在别的酒店就遇到过寄存在前台的东西被酒店员工偷吃的现象，你们这里肯定也是。"

听到这话，赵宇有点生气，在没有任何证据的情况下，客人竟然这样指责酒店。此时，怒气冲冲的客人让赵宇出去，心情不悦的赵宇就出来了。

一个多小时后，赵宇的情绪平复下来，于是他给客人送过去一个果盘，明确告诉客人，服务员确实没有拿走橙子，他可以代表酒店送她一些。

赵宇的良好态度让客人失去了指责的借口，就这样，一场可能会给酒店造成负面影响的冲突就化解了。

面对挑剔型客户，最重要的一点便是心态。不管客户用什么样的无理挑剔和不良之词来批评，销售员都要保持一颗轻松的心，该解释的解释，该满足的满足，千万不要为了逞一时之能与客户争吵，那样就太不明智了。

> **销售技巧**
>
> 避免与客户冲突并不是让销售员毫无原则地同意他说的一切，当挑剔型客户对产品做出错误的批评或态度非常不友好时，销售员可以给予直接否定，但语气一定要诚恳。直接否定需要很高的技巧，运用不当会带来很大的麻烦，一定要谨慎使用。

八、沉默寡言型客户：循循善诱，解答其心中疑惑

销售员努力推销，客户却说"随便看看"；销售员滔滔不绝，客户却一直沉默。如果遇到这种情况，千万要小心，因为销售员遇上的是沉默寡言型客户。

客户不开口，销售员永远没有机会知道客户在想什么，也不知道他想要什么，更不知道自己该做什么，这样怎么能取得成功呢？

第六章 摸透客户性格，寻找不同客户的心理突破点

案例 53　服装店导购循循善诱，沉默寡言型顾客最终开口说话

陈欣在一家服装店做导购员。一天，一位外表忠厚老实的中年男人走进店里，陈欣赶紧迎上去打招呼："您好，欢迎光临××，请问您需要什么服装？"但是中年男人连眼皮都没抬一下，只是径自边走边看。

顾客的反应让陈欣略显尴尬，她只好跟在顾客后面，看他想选购什么。可是顾客转了几圈，还是什么都不说，这就让陈欣心急了。

于是，陈欣指着上衣专柜问："先生，您是要买上衣吗？"

顾客依然没说话，只是轻轻地摇了摇头。

陈欣又指指裤子："那您是要买裤子？"

顾客依然摇了摇头。

这可让陈欣犯了愁，无奈之下，陈欣只好冒险行事。陈欣指着店里的服装，向顾客讲起了服装品牌的设计理念，并且把每一款的设计构思、材质选取，甚至有哪些明星已经选购这种款式，都仔细地讲给客户听。

在陈欣的介绍过程中，顾客一直静静地听着，时而点头微笑，时而低头沉思，可依然一语未发。陈欣一边心里打鼓，一边继续介绍，如颜色的搭配、款式的选择、职业的影响等。这位顾客听完后貌似恍然大悟一般，说："原来搭配衣服还有这么多的学问呀！我要出国参加一次重要的会议，既然你懂这么多，那你帮我搭配一套合适的衣服吧！"

听到客户的要求，陈欣高兴不已。为了避免出现不必要的失误或纰漏，陈欣仔细地询问了客户几个问题，了解客户的需求和忌讳后，为客户搭配了一身十分合适的西装。

沉默寡言型客户的表现也不是完全相同的，闭口不言也有很多原因。有的人是城府较深的商场老手，还有的人是天生不爱说话。不过，不论遇到哪种类型，他们一般都会对销售员的语言攻势免疫。对他们来说，产品本身的好坏比销售话术重要多了，所以销售员要用平淡的语气把产品的优势和特点交代出来，切忌夸大其词或嬉皮笑脸，否则很容易引起客户的反感。

给客户时间

问出真实想法　　如何应对　　真诚对待客户

1. 问出真实想法

如何让沉默寡言的客户开口是最困难的一点，只有客户开口销售员才能发现问题，只有发现问题才能解决问题。面对这类客户，销售员一定要学会使用提问的战术，不断用问题试探客户的反应，如果问题切中核心，客户自然会有所反应的。例如，销售员前去拜访客户，要将产品资料、合作计划等准备齐全，然后用切中要害的话题打动他，才可能知道客户的真实想法。

2. 给客户时间

在与客户的沟通中，销售员尽量将关键信息展示给客户。介绍好内容后，销售员应该暂时保持沉默，让客户有思考的时间，千万不要穷追猛打，逼着客户做出反应。

3. 真诚对待客户

沉默寡言不代表不好相处，很多人只是外冷内热而已。只要销售员真诚相对，热情接待，点燃他们心中的火焰，自然会让沉默的他们活跃起来。

> **销售技巧**
>
> "以沉默对沉默"也是一种应对方法，销售员可以先询问："怎么样？我认为买下来是不会吃亏的。"然后一言不发，这样对方不得不开口说话。一旦对方开口，销售员就迈出了最重要的一步，接下来就可以施展自己的本领，解答客户心中的疑问了。

九、墨守成规型客户：想方设法让他明白产品用途

"我天天中午都吃同一家店的盖浇饭，保持了十年；尽管电子阅读已经十分方便，但是我天天都会在离家非常远的一个报摊买报纸杂志；我每次都去同一个理发店理同样的发型，直到十年后那家理发店关门……我喜欢一成不变的、固定的生活节奏，有些单调和枯燥，但我乐在其中。"

我们经常会在工作或生活中遇到这种性格的人，他们思维保守、性格沉稳，对新鲜事物十分抗拒。相对于追求新潮、热爱时尚的客户，墨守成规型客户总是循规蹈矩，喜欢用一些不存在的条条框框约束自己的行为。虽然他们往往表现得很细心、沉稳，善于倾听、分析，眼光也比较独到，但他们总是很难迈出改变的第一步。

对墨守成规型客户来说，在同一家商店购物，买同一个牌子的东西，过毫无改变的生活才是最好的。一旦他们受到先入为主观念的影响，销售员很难说服他们。那墨守成规型客户真得就无法改变了吗？当然不是。

墨守成规型客户最看重的是产品的性能和品质。只有满足他们对产品的使用要求，销售员才有希望获得订单。要想用产品的性能和质量打动客户，销售员必须保持耐心，不能急于求成，否则很容易刺激到客户，让他变得更加顽固。销售员可以将产品的实用效果作为突破口，通过让客户在实际的试用和对比中发现产品的优秀性能，这样自然会逐渐改变客户的想法和观念，使他接受所推销的产品。

案例 54　客户经理用实际收益打动对方，使保守型客户变"活跃"

这天上午，一位客户来到某银行网点办理定期存款业务，柜员周慧发现客户一直以来都习惯做定期，因此向客户推荐年化收益率 5.1% 的保险理财。

周慧说："这种保险利率比较高，而且额度非常有限，限时抢购。刚好现在还有额度，可以为您办理。"

客户想都没想就拒绝了周慧的建议，表示自己从来不理财，担心理财有风险。

客户经理吴江在后面听到了周慧和客户的谈话，因此上前服务，正好发现该客户是自己以前的老客户，便向客户解释："该款理财产品是财险，目前国内的存款利率较低，如果资金足够的话可以凑多点做大额存单，这样利率比较高。如果您存够 50 万……"

吴江的话还没说完，客户就表示没有那么多资金，只有 10 万。

听到客户的话，吴江随后建议他买三年期××财险，"这种投资方式一方面能长期锁定一个较高的收益，另外一方面如果你用钱可以办理我行的消费贷业务，因为贷款利率比较低。"

客户听了吴江的建议后也动心了，终于下定决心购买了这款财险。

从这个案例中我们清楚地看到，虽然墨守成规型客户思想比较守旧，很难接受新产品，但只要销售员能够耐心、细心地为他们详细讲解产品的好处，并且让客户觉得安全放心，那么打动这类客户也并非不可能。

> **销售技巧**
> 值得一提的是，墨守成规型客户虽然追求产品的优等质量，却仅限于实用的范畴内，太高档的产品也是他们所不能够接受的。在他们看来，高档的、华而不实的消费就是一种奢靡和浪费，不值得提倡。

第七章

心理暗示引导客户，让客户产生自发购买的冲动

客户做出的购买决定，实际上更多的是感情冲动的结果，而不是出于理性的分析。成功的销售员最会引导客户的心，让客户产生一种购买的冲动、拥有的渴望。

第七章
心理暗示引导客户，让客户产生自发购买的冲动

一、先用免费拴住客户的心，再让客户心甘情愿付费

经济人又称"经济人假设"，即假定人的思考和行为都是目标理性的，唯一试图获得的经济好处就是物质性补偿的最大化。

用"贪图便宜"来形容消费者或许不太礼貌，但寻求性价比总是大多数人的目标。一到"双十一"就"剁手"，一遇到打折就头脑发热，一看见清仓就心痒。但头一热、手一抖，结果就是买回来一大堆没用的东西，最后只能放在角落里任其落满灰尘。

为什么"经济人假设"在实际购买活动中屡战屡败？为什么自我感觉良好的消费者一遇到优惠就失去了理智呢？原因很简单，销售员用"心理账户"勾住了我们。

人们心中有两种计算方式，一种是"账面损益"，一种是"实际损益"，换言之，你工作得来一百万，也没有你买彩票得来一万让你更开心、更满足。在你心里，前者是应得的，而后者却是意外之喜。这就是聪明的销售员用来诱导消费者，让他们心甘情愿花钱的心理策略。

其实，在现代社会中有很多类似的销售案例。例如，消费者在视频网站观看一部电影，过了前5分钟的免费时间，突然弹出一个付费提示，正看得心痒的消费者是选择继续看呢还是继续看呢？再如，一张某某俱乐部的免费入场券，等去了以后才发现还有各种名目的其他消费，可这种技巧总是能骗到消费者。

案例 55　吉列的"破坏式创新"——免费赠送剃须刀组

早在19世纪末，民用刀片就已经出现，但价格昂贵，使用不便。人们在理发店剃须只需10美分，可一把刮胡刀要5美元。于是，吉列剃须刀创始人金·吉列推出了一个史无前例的销售方案——免费赠送剃须刀组。

这种方式轻易地让无数消费者接受了吉列剃须刀组。不过，虽然吉列免费提供剃须刀组，但消费者最终还要再购买剃须刀片，来更换日益磨损的刀片。

这种"放长线钓大鱼"式的创新销售方式，成为当时的"破坏式创新"。而吉列剃须刀片正是通过这样的免费营销模式，成功地打开市场，开启自己的成

功之路。同时，它也开启了免费营销的先河，成为免费营销的鼻祖。

一把小小的刀片造就了一个价值数百亿美元的庞大帝国，这正说明了一句话，"免费的才是最贵的！"现实中的很多案例也印证了这句话，例如，可免费下载使用的解压缩软件，使用期限往往只有一个月；某些免费下载的背单词软件，用户只能享受部分词汇的浏览记忆……

销售者提供免费产品，既可以扩大产品的知名度，让消费者有先入为主的感觉，又利用这种形式为产品做宣传。其实大多数销售者提供免费产品的目的是为了最终锁定消费者，使消费者对产品或服务产生依赖感，当这种锁定实现后，消费者自然也就会被轻易地拿下了。

> **销售技巧**
>
> 对一些先前免费产品再实行收费，可能会激发消费者的反感心理，从而转移到具有替代性的产品或服务中。这在很多APP的发展过程中都可以看到：前期烧钱营销扩大客户群体，后期补贴消失，客户转移到其他替代产品上。

二、采用差别定价策略，以不同价格适应不同的客户

差别定价又称"弹性定价"，是一种"依赖顾客支付意愿"而制订不同价格的定价法，其目的在于建立基本需求、缓和需求的波动和刺激消费。当某种产品对不同的消费者，或在不同的市场上的定价与它的成本不成比例时，就产生差别定价，例如，工业用水和生活用水的价格不同、火车票的多种票价、航空公司的差别定价等。

与统一价格相比，差别定价不仅更接近每个客户愿意支付的最高价格，还可以保证自身服务于无法按统一价格购买的客户，或诱使他们消费得更多，进而获取较大的利润。

案例56　蒙玛"以慢制快"，成为著名的"无积压商品公司"

著名的时装品牌蒙玛在意大利以"无积压商品"而闻名，其秘诀之一就是对时装分多段定价。

蒙玛公司规定新时装上市后，以三天为一轮，所有时装以定价卖出，每隔

一轮按原价削减10%,以此类推,等到10轮(一个月)之后,蒙玛公司的时装价格就削减到了只剩定价35%左右的成本价了。此时,时装就以成本价出售。

试想一下,上市仅一个月的时装价格已跌到原价的三分之一,谁不想去捡个便宜呢?所以一卖即空。等到蒙玛公司最后结算的时候,它赚的钱比其他时装公司还要多,而且又没有积货的损失。

如同视频网站的"会员抢先看"一样,付更多的钱免除等待的痛苦,获得更多的享受;花更少的钱得到同样的产品,但要忍耐一段时间。这样一来,销售者既能获得更高的收益,又能保证销量。

但是,并不是所有产品都能使用差别化定价策略,这需要一定的前提:企业对价格有一定的控制能力;不同市场的价格弹性不同;产品的市场必须是能够分割的。那么,差别定价的依据主要有哪几种呢?

1. 按客户分类

很多销售者会将同一种商品或服务按照不同的价格卖给不同的消费者。例如,公园、旅游景点、博物馆将消费者分为学生、儿童、老人和一般成人,对学生、儿童和老人收取较低的费用;铁路运营公司会为学生、军人提供低于一般乘客的票价;银行POS机的刷卡手续费会因商户的经营类别而有所不同。

2. 按产品形式分类

销售者根据产品的不同型号、样式制订不同的价格,但不同型号或样式的产品价格之间的差额和成本之间的差额有很大差距。例如,256G的iPhone X比64G的价格高出一大截,可其成本差额远没有这么大;高配版与低配版的汽车,成本差额与售价差额更是相差甚远。

3. 按形象分类

销售者还可以根据形象差别对同一产品制订不同的价格,例如,可以对同一产品采取不同的包装或商标,塑造不同的形象,以此消除或缩小消费者认识到不同细分市场上的商品实质上是同一商品的信息来源。如同样的一杯可乐,摆在超市货架上的与肯德基柜台上的售价相差几倍;礼品装的香水比普通装的价格要高很多;同样的一份菜，在豪华饭店与路边小摊就有很大的差别。

4．按地点分类

销售者对处于不同位置或不同地点的产品和服务制订不同的价格，即使每个地点的产品或服务的成本是相同的。例如，电影院、剧场的座位的成本都是一样的，但不同位置的座位的票价不同；顶楼的房子比其他楼层的更便宜，而且还附带露台。

5．按时间差别分类

价格随着季节、日期甚至钟点的变化而变化。例如，航空公司或旅游公司在淡季的票价便宜，而旺季则价格更高；一天不同时段的电影票价会有所不同，午夜场可能更便宜；电信运营商的流量或通话费用会分为正常与闲时（23点到次日7点）。这样可以调节消费者的密集程度，避免资源的闲置或超负荷运转。

> **销售技巧**
>
> 差别化定价如果运用不当就会造成严重的后果，那就是让消费者感到不公平。例如，亚马逊公司实施的差别定价试验，最后以失败而告终，亚马逊公司不仅在经济上蒙受了损失，而且其声誉也受到了严重的损害。

三、播放背景音乐，让客户在心底律动的呼唤下付款

从百货商店的流行音乐到购物中心的舒缓旋律；从圣诞节的《铃儿响叮当》到春节的《新年好》；从促销活动中的欢快节奏到销售淡季的轻音乐，这些都让我们看到了背景音乐在销售活动中起到的重要作用。

店铺的背景音乐直接影响着消费者积极或消极的消费情感，利用购物环境中背景音乐对消费者生理和心理乃至行为的效能去满足消费者的情感，是提高实体零售的有效途径，可以促进购买行为的产生与完成。

虽然背景音乐对消费者有着暗示作用，但是否使用得当十分重要，如果背景音乐与店铺不符，那不仅起不到应有的作用，可能还会给顾客的购物行为带来负面效应。那么销售者应该如何选择合适的背景音乐呢？

1．与店铺的定位匹配

购买百货的顾客比较喜欢节奏舒缓的音乐，这能让家庭主妇们从容选择商品；

打折店里往往选择快节奏的音乐，这样消费者就没有耐心去仔细检查商品质量；快餐店常常播放一些节奏明快的轻音乐，督促顾客们快吃快走；时装店、酒吧里的音乐总能吸引更多的时尚潮人；而到了高端传统的西装店，耳熟能详的怀旧老歌才会让成熟的成功男士感到舒适自在。

2. 适应店铺的氛围和节奏

淡季或客流量较少时，销售者可以选择播放节奏舒缓的轻音乐，以此放慢顾客的脚步，增加其逗留时间，这样既可以提高成交率，也能避免因店铺冷清而影响其他顾客的感觉。促销活动时期或客流高峰期，可以选择节奏欢快的流行音乐，提高顾客的行动速度，达到快速成交的目的，缩短顾客的停留时间。

3. 与店铺的整体音场相协调

大音量的轻快音乐可以提升销售气氛，而轻音量则适合顾客与销售人员的沟通。

案例 57　背景音乐助力商品销售，月销售额增长 15%

看到很多商场或店铺经常放一些背景音乐，孙军也计划在自己的店铺内试播歌曲吸引顾客。然而，试播了一段时间后，他发现众口难调，年轻的顾客喜欢热情奔放的流行歌曲，老年顾客喜欢经典老歌或红歌，而孩子们则喜欢动画片里的主题歌曲。无奈之下，孙军放弃了在店内播放歌曲的想法。

后来，有人建议他播放轻音乐，效果也许会比播放歌曲好得多。于是，孙军开始在店内播放轻音乐。慢慢地，他在播放音乐的过程中发现了一些规律，比如快节奏的音乐会使人心情紧张，节奏感加强，不但老年人受不了，年轻人和孩子也会情绪兴奋，使他们在店里的停留时间缩短；慢节奏音乐会使顾客精神放松，充分享受商家所营造的轻松愉悦的购物氛围，顾客能较长时间地停留在店里，从而产生较高的营业额。

于是，孙军开始在店内播放《蓝色多瑙河》《二泉映月》《雨的印记》《home》《安妮的仙境》等轻音乐，在舒缓柔和的音乐环境中，顾客们一边欣赏着天籁之音，一边随着音乐的节奏缓步前行、有条不紊地购物。结果，自从店内播放轻音乐后，顾客在店内逗留的时间比以往有所增加，月销售额也增长了 15%。

其实，背景音乐不仅仅可以影响客户的购物心理和行为，还能起到一种传递信息的神奇效果。例如，上海某商场有一首"防贼歌"，只要一播这首歌，各楼层的营业员就会警惕起来，因为这是保安部门在提醒大家有小偷来了。另一家商场有一首"消防歌"，如果商场一播放这首歌，所有的员工就知道消防系统出问题了，会马上采取应急措施。

> **销售技巧**　背景音乐必须及时更新，重复播放一首或几首歌曲，客户容易产生听觉疲劳感，进而产生厌烦感。适当地替换其他乐曲，将会延长客户对店铺的"新鲜感"的时间。

四、色彩设计非同小可，要让客户的"好色"之心蠢蠢欲动

"色彩设计营销"是现代十分流行的一种营销方式，就是色彩和营销活动的结合，它是基于分析消费者的色彩偏好，将各种色彩组合策略运用于产品的从生产到销售的各个阶段，以达到利用色彩影响消费者的购物心理和行为的目的。

在产品丰富多彩、琳琅满目的今天，"色彩设计营销"已经成为一些品牌迈向成功的重要利器。据调查，在不改变产品结构、不增加产品成本的基础上，通过改变色彩的设计与营销，可以给产品带来 15%～30%的附加值，可见"色彩设计营销"有多么重要。

据调查结果表明，消费者在看到商品的七秒内就已经决定了是否购买，在这短暂而关键的七秒内，色彩的作用高达 67%，成为决定人们购买行为的重要因素。

具体来说，哪些方面可以使用"色彩设计营销"呢？

```
         企业形象策划                    产品包装
                         ┌─────┐
                      1  │     │  2
                         │ 色彩│
                         │ 设计│
                      4  │     │  3
                         └─────┘
         卖场店铺                      活动推广
```

1. 企业形象策划

销售者对品牌定位时，首先考虑的是 MI（统一的企业理念）、BI（规范的企业行为）与 VI（一致的企业视觉形象）。其中，最重要的就是 VI，而 VI 中的颜色则是销售者特别注重的。很多知名企业的产品颜色都成为企业品牌的一部分，如"可口可乐"的大红色、"百事可乐"的蓝色、"鳄鱼"的绿色、"麦当劳"的红黄搭配等，这些色彩都成为企业产品和形象最鲜明、最重要、最具识别性的外部特征之一。

2. 产品包装

产品包装是产品外观的重要组成部分，它不仅起到保护产品、方便运输的作用，

还代表着产品和企业的形象。而色彩作为产品包装设计中的重要元素，更是在产品营销的过程中起着不可忽视的作用。例如，"海飞丝"的海蓝色，让人联想到蔚蓝的大海，产生清新、凉爽的视觉感受；"飘柔"的草绿色给人以青春的感受；"潘婷"的杏黄色则让人产生营养丰富的感觉。可以说，适当的颜色可以给消费者带来奇妙的心理感觉。

3．活动推广

以前客户在选择商品时很少考虑颜色，他们更多的是将关注点放在了质量、价格等其他方面。但是在产品性能接近、造型趋同的如今，颜色已经成为影响客户判断的重要因素，能够凸显用户个性的商品必然会得到更多的关注。因此，通过颜色方面的创新来对产品进行宣传与推广，能够吸引更多的关注，得到更多的认同，甚至改变整个市场环境。

4．卖场店铺

任何事物的存在都是与其环境密不可分的，销售环境的布置不仅会影响消费者的心情，还会影响商品带给人的感觉。一个人在感受周围的环境时，首先感受到色彩，然后才会注意物体的形状等其他要素。可以说，色彩对于营造商业环境氛围、促进销售有着非常重要的作用。

巧妙利用色彩，既可以刺激顾客的视觉，提升店面的层次，还可以影响商品的观感，创造不一样的视觉效果。为了塑造一种良好的购物环境，销售者需要综合运用色彩、照明等各种道具，抓住顾客短暂的停留时间，用正确的沟通方式激起其购买欲望，达成销售的目标。

案例58　格兰仕"变脸"，引发空调业的"色彩革命"

随着家用电器的发展和普及，越来越多的品牌进入市场，大大加剧了家电市场的竞争，价格战、渠道战、技术战、概念战等各种各样的竞争方式让参战企业精疲力竭。

在空调行业日益激烈的竞争下，怎样才能让自己的产品和品牌脱颖而出呢？

格兰仕空调研发中心经过两年多的市场调研发现，色彩可以使产品、品牌的信息传播扩展40%的受众，提升75%的认知。研究者认为，颜色作为品牌文化的组成部分，在设计开发、生产制造、营销等各个环节都起着十分重要的作用，如果能抓住这个机会，将会为产品创造不一样的个性特性。

格兰仕空调研发中心的色彩设计室收集了大量的市场情报，聘请了几十位设计专家、美工大师对流行色进行广泛的市场调研，以了解中国人对颜色的偏好，最后将设计完成的产品方案提供给生产部门。

当时，国内的空调大都是千篇一律、呆滞苍白的白色空调，格兰仕在这种情况下捷足先登，占领先机，成为色彩空调的领导者。自其"为你而变，颜色革命"的新理念推出之后，很快便引发中国空调业新一轮的洗牌，尽管有很多品牌对格兰仕的做法和对白色空调持保留态度，但在大势所趋的情况下，也都或多或少地推出了色彩空调。

总之，把握好色彩变化趋势，是利用好"色彩设计营销"的关键。随着人们物质生活的丰富和审美水平的提升，人们对色彩的要求必将越来越高，色彩的发挥空间也将越来越大。

> **销售技巧**
>
> 销售者可以运用色彩传递产品信息和防止信息干扰。为此，在色彩设计中，有时为了视觉冲击力可运用不合常理的特异手法，最大限度地吸引消费者的眼球。例如，将乌龙茶的包装盒改用黑色，在充满深绿和褐色的茶叶包装中突然出现一种黑色包装，其自然成了视觉中心。

五、陈列得当，科学布置能带来新鲜感

商品陈列不仅是一门艺术，更是一门科学。好的陈列可以吸引客户的眼球，推动销售。货架上的产品只有进行规范的、精心的、有创意的陈列，才能保证顾客在最短的时间内找到所需商品，并将商品的各种信息及时传递给顾客。

商品的陈列绝不是简单地堆砌，而是对其科学处理。销售者不是把商品放在店里卖就行了，而要考虑各种因素，在有限的空间里把商品陈列做到最好，这样才能吸引更多的顾客。

案例59 "啤酒"与"尿布"——从神奇的购物篮中发现的秘密

沃尔玛超市管理人员在分析销售数据时，发现了一个令人难以理解的商业现象："啤酒"与"尿布"这两件看上去风马牛不相及的商品，经常会出现在消费者的同一个购物篮中。这个独特的销售现象引起了沃尔玛管理人员的关注。

第七章
心理暗示引导客户，让客户产生自发购买的冲动

经过一系列的调查后发现，这种"啤酒+尿布"的现象往往发生在年轻的父亲身上，而这个现象正源于美国独特的文化。在有婴儿的美国家庭中，通常是母亲在家中照看婴儿，父亲去超市购买尿布。而年轻的父亲在购买尿布的同时，往往会顺便为自己购买一些啤酒。年轻父亲的这种消费心理导致了啤酒、尿布这两件看上去毫不相干的商品经常被顾客同时购买。

沃尔玛的管理人员发现这个现象后，立即着手把啤酒与尿布摆放在相同的区域，让年轻的美国父亲可以方便快捷地找到尿布和啤酒这两件商品，并让其较快地完成购物。就是这样一个小小的陈列细节，让沃尔玛获得了满意的商品销售收入。

那么，除了以上案例中的陈列方式外，还有哪些值得借鉴或思考的原则呢？

1. 容易选购

销售者在进行商品陈列设计时，必须从消费者的角度考虑问题，把容易选购作为根本出发点。首先要保证商品一目了然，排列简单明了，便于顾客了解，缩短顾客寻找商品的时间。其次，要做到同类商品相邻摆放，方便顾客比较和购买。再次，同类商品的花样、颜色、尺寸应尽量齐全，便于顾客选购。最后，对于一些季节性、活动日、新商品的推销区和特价区的陈列更要引人注目，越有艺术感，越能在最短的时间内吸引顾客。

2. 愉快购物

愉快的心情能让顾客更有兴趣地挑选商品，因此，销售者应该通过商品的陈列营造出温馨、舒适的氛围，使顾客对商店产生好感。首先，要保证货架的整齐清洁，杜绝破损、污物或其他影响观感的情况出现。其次，销售者还可以在不影响整体效果的前提下，随时调整商品的陈列，给顾客以新鲜感。最后，导购人员要及时向顾客介绍新产品、新活动等，激发顾客的购买兴趣。

3. 易见易取

商品陈列就是一种最直接的销售手段，陈列在货架上的商品本身就向顾客充分地展示、促销自己。为了最大限度地发挥商品的展示功能，商品陈列要让顾客易见易取。易见就是要使商品容易让顾客看见；易取就是要使商品容易让顾客触摸、拿取和挑选。这两点就对陈列商品的货架的高度提出了要求，既不能太高超过顾客的拿取范围，也不能太低超出顾客的视野。

4. 丰富多样

一个满满当当的货架可以给顾客一种商品丰富、品种齐全的直观印象，也可以提高货架的销售能力和储存功能，还相应地减少了超市的库存量，加速商品周转速度。

5. 关联性

关联性是商品陈列中特别需要强调的一个重点问题。关联性是指把分类不同但有互补作用的商品陈列在一起，如把火锅底料与羊肉陈列在一起，其目的是使顾客能够在购买了 A 商品后，也顺便购买陈列在旁边的 B 商品或 C 商品。关联陈列法可以使整体陈列更加灵活，同时也能增加商品的销售量。

> **销售技巧**
>
> 除了商品本身的陈列外，各种搭配组合方式也很重要，例如，导购人员的衣着、货架的装饰、灯光的效果等，这些都要与商品陈列综合考虑，这样才能最大限度地发挥其效果。

六、假设已经成交，启动客户的成交信号

金牌销售之所以能拿下更多的订单，取得更好的业绩，其中的一个重要原因就是他们总能在成交阶段大胆假设，抓住时机主动要求客户签单。他们不会慢慢地等着客户下决心，而是在恰当的时间，假定客户已经同意，不再提是否成交的问题，而是直接进入签单环节，拿出合同引导客户填写。

"您的单位名称怎么写？""您的家庭住址是哪里？"……如果这些问题没有被客户拒绝，那就是他选择了默认，也就意味着销售员的假定成交法取得了成功。

那么什么是假定成交法呢？假定成交法是指销售人员在假定客户已经接受销售建议、同意购买的基础上，通过提出一些具体的成交问题，直接要求客户购买产品的一种方法。

虽然假定成交法在销售中很有效，不过并不是在任何场合、面对任何客户都适用。对于老客户、中间商、决策能力层次较低的客户或主动购买的客户，销售员可以使用假定成交法来促成交易，但是对于那些不熟悉的客户，假设成交法要慎重使用。

一般情况下，面对销售人员的假定成交法，客户通常会有两种反应：一种是默认双方达成交易，这就代表销售员取得了成功；另一种是提出某些异议，表示自己尚有不同意见和疑问，需要销售员说明解答。遇到后一种情况时，销售员要保持镇定，重新进行说服，千万不要过于急躁、紧逼不舍，也不要失去信心，就此放弃。

巧妙地使用假定成交法，可以将客户的成交意向变为行动，而且这种暗示成交比直接"逼单"更温和，避免给客户带来太大的心理压力。另外，最重要的是假定成交法大大缩短了从会谈到签单的过程，既节省了推销时间，又提高了成交概率。

案例 60 最高超的"逼单"技巧——卖西装的故事告诉你成交的秘密

因天气状况不佳，飞机晚点，张亮只好在机场的购物广场闲逛，逛着逛着就逛到了一家服装店，于是走到这个店里随便看看。导购看到他走进来之后，直接问："先生您喜欢休闲款式的，还是正式的西服款式？"

张亮说："随便看看。"

"先生随便看，"停顿一下后，导购接着说："我看您都在看西服，您喜欢黑色、蓝色，还是灰色？"

张亮说："我先看看。"

导购说："先生随便看。我看您都在看蓝色的西服，请问一下您喜欢双排扣还是单排扣，我替您拿一款试穿一下。"

张亮没有被导购的假定成交法拿下，而是说："再看看。"

导购说："先生您是做什么行业的？"

张亮回答："律师。"

导购马上赞美："难怪您一直在看蓝色的西服，像您这样的权威人士、专业人士最适合穿蓝色西服。先生，我们有一套特别适合您，是两粒扣子的，但不知道有没有？我去找一下。"

张亮心想：反正只是试穿，又不是真买，没事的。于是，他就默认了导购的行为。

导购在去拿衣服的时候回头问了一句："先生，我忘了问您，您穿几码的？"

张亮随口回答："48。"

"好的。"

其实，说完"48"的张亮就愣了，自己本来只是随便看看，怎么开口告诉她尺码了？

这时，导购回来了，"48 找到了，来，您在里面试穿一下，裁缝师来了，等一下我们给裁缝师去裁缝一下。"

"先生，试好了没有？出来看看合不合身。"

张亮穿着西服出来以后，导购马上蹲到地上说："先生，站好我帮您量一下裤长。到鞋跟，这样可以吗？"

"哦，"张亮随口应了一句。

接下来，导购给张亮测量了全部尺码。这时，张亮看着自己穿着的这套用自己的尺码画了一身粉笔灰标记的新西服，心想：现在自己要再说不买，是不是就太不合适了？

正当张亮纠结的时候，导购说："先生，快去那边换下来吧，裁缝师等着您呢。"

"多少钱？"这时候的张亮彻底屈服了。

当张亮付完钱拿着衣服往外走的时候，心里一直在纳闷：我就是随便转转，怎么花了这么多钱买了一套西服。

上述案例中的销售方法就是假定成交法。从刚开始的颜色，到后来的尺码，在导购小姐的引导和暗示下，张亮不知不觉间便卸下了全部防备。本来只是闲逛的他，就这样买了一套价格不菲的西装。

> **销售技巧**
>
> 假定成交法主要适用于那些犹豫不决、没有主见的客户，因此，看准客户类型和成交信号是使用这种方法的关键。同时，假定成交法难免会带有一丝强迫性质，销售员一定要表情大方、语言温和、委婉体贴、亲切自然，切忌自作主张和咄咄逼人。

七、制造紧迫感是催促客户成交的撒手锏

没人喜欢被逼迫，也没人喜欢被威胁。不过在销售工作中，有时适当的"威胁"和"逼迫"不仅不会赶走客户，还能收到意想不到的效果。如果销售员能把握好"威胁"和"逼迫"的度，适当地给客户制造压力，让其产生紧迫感，就能加快客户的签单速度，提高工作效率。

在"客户主导"的销售时代，销售员在与之谈判的时候常常处于被动地位，不管产品多么优质，不管服务多么优秀，客户依然不为所动。即使客户有了购买的想法，还是要把销售员拖向讨价还价、反反复复的陷坑，这让销售员头疼不已。

心理专家分析客户购买产品或服务，一方面是从中获得某种实惠或给自己带来方便快捷，另一方面则是获得一定的安全感。当销售员发现客户对产品或服务比较关注时，便可以巧妙地提醒客户，如果不及时购买此类产品或服务将会失去某些安全保障。当然，进行所谓的"威胁"暗示的前提是，销售员已经清楚客户最关注的产品优势是什么，只有正确地做出定位，才能使"威胁"起到应有的作用。

案例 61 物以稀为贵——当着客户的面摔花瓶

一天，某收藏家听说一位富商家里有三个一模一样的花瓶，这三个花瓶造型独特、纹饰精美，算得上瓷器中少有的精品。于是，收藏家便去拜访富商，

希望能买下这三个花瓶。

收藏家："我很喜欢你的这三个花瓶,你开个价,三个一共多少钱?"

富商："我们不谈价,谈缘分,你如果真心想买,那就500万全部拿走。"

收藏家："能不能便宜一点儿?"于是两人陷入了讨价还价的僵局。

就在双方争执不下的时候,富商拿起其中的一个花瓶直接摔在了地上,看得收藏家心疼不已,忙说:"500万就500万,剩下的这两个我都要了。"

富商："800万,少一分都不行。"

收藏家"怎么两个反倒更贵了?你应该便宜点儿啊!"

收藏家话音未落,富商"啪"的一下又摔了一个。

收藏家还未说话,富商便道:"最后一个,1000万,不还价!"

听完这话,收藏家一脸伤痛相,无奈之下只好花了1000万买了一只花瓶。

"威胁""逼迫"客户的招数可谓是神乎其神,但并不是任何时候都适用的,只有当产品让客户十分喜爱或满意的时候,才能用"不买就后悔"的方式来威胁他。如果产品普普通通,没有任何特别之处,客户为什么还会被威胁呢?

> **销售技巧**
>
> "威胁"只是一种恰当的、善意的提醒,用来增强客户的购买欲望,缩短客户的考虑时间。因此,销售员必须保证自己的暗示是客观的、实际的,而不能用谎言来欺骗客户,要在尊重和关心客户的基础上有技巧地施加压力,使客户坚定购买产品或服务的决心。

八、营造购买气氛,激发客户的购买兴趣

"桃李不言,下自成蹊。"销售好比一场大戏,除了演员的努力外,舞台的搭建与设计对表演的精彩程度也起到了至关重要的作用。环境可以促进客户的购买欲望,促使客户多次消费,不管客户最先是打算买什么,最后都会让他"满载而归"。那什么是最好的购买气氛呢?

最好的购买气氛可以让客户达到一种忘我的购物境界,不知不觉间接受销售者的心理暗示,并产生共鸣。从进入店铺的那一刻,客户就进入了一种"寻找"的状态:四处张望的眼睛、警觉异常的耳朵、紧张出汗的拳头、怦怦跳的心脏,最后达到疯狂购物的状态。要想营造出最好的购买气氛,就要创造一种感觉,那就是让客户沉浸在购物的快乐中。具体来说,销售者可以从以下几个方面出发营造购买气氛。

1. 光线

据研究发现，视觉对人的情绪刺激占80%。处在不同的光线环境中的人们，会有着不同的情绪，而这种影响也将延伸到人们的购物行为。可以说，光线对购物的影响是排在第一位的。

2. 声音

声音是最具侵略性的一种刺激。对于不喜欢的图像，我们可以选择转头或闭眼不看，但我们无法漠视声音的存在，哪怕自己再讨厌它。可以说，声音直接与我们的情绪对话，影响着情绪状态，也影响着购物行为。

销售终端的音乐可以引起客户的听觉共鸣，而这种共鸣则进一步引发情绪共振，最后，客户的情绪可能决定他是否购买、购买多少，甚至影响到客户是否会再次选购。

3. 空间

一个好的空间设计对客户的购物行为起着十分重要的作用，它可以开口说话，自己推销自己。通过装饰风格、店内布局等，展示出一种生活状态，唤起目标客户群的某种情绪，让客户在这里产生心理上的共鸣，将终端打造成超越购物行为本身的一种设施。

案例62 玩转销售终端——打造特色营销氛围，创办"儿童银行"

某银行网点一直以来业绩平平，尽管大家想了很多办法，但都很难吸引客户。某一天，银行经理卢波正在上班，看着不远处学校门口聚集的等候放学的学生家长，他突然想到了一个主意。

通过市场调研，卢波了解到，附近小学内有95%的学生居住在周边的社区，于是他针对儿童客群打造特色服务。他将网点从内至外布置地充满了童趣，临街的玻璃橱窗摆放了五彩缤纷的气球，每天放学的高峰期，还有员工走进橱窗与孩子们表演互动，路过的小朋友纷纷驻足观看。

大厅的"儿童体验区"还摆放着醒目的宣传展板，邀请孩子们加入"玩具图书馆"、招募"小小银行家"等活动，只要是本行的客户，都可以享受相应活动，其他银行的客户也可以试玩。

通过特色营销氛围的打造，此银行网点不仅达到了树立品牌、提升口碑的目的，还吸引了大量客户，让客户不再是被动地去银行，而是主动地"逛"银行。这样一来，银行的业绩日渐增长。

用户体验的重要性越来越大，销售终端也越来越受到人们的重视。如同上述案例中的银行一样，墨守成规者只能等着被淘汰，只有那些敢于突破、能为客户创造更好气氛的销售者才能获得最后的胜利。

> **销售技巧**
>
> 终端，这个销售网络末端的敏感触角与销售的成败息息相关。如何拉动客户情绪，赋予了终端更多、更深的价值与意义。在客户体验至上的今天，情绪与情感的加入，让终端更加开放化、生活化、舞台化、个性化，也为让客户享受到独特体验打造了更广阔的平台。

九、节省客户等待时间，让购买过程更简便

拥挤、排队……这些词汇常常让我们"等待的心"难以平静。据调查，多数人宁愿放弃购物或者稍微走远一点儿去购物，也不愿意在拥挤中排队等待。

在商品质量和价格相差无几的情况下，服务质量成为销售者超越竞争对手的关键。而等待时间的长短则是被客户诟病最多的服务问题，想想我们被堵在路上的焦急、无奈的心态，我们就可以知道等待有多么煎熬。

其实，对于任何一个商品或服务的提供者来说，等待都是不可避免的，当商品或服务的需求超过供应能力时，必然会出现等待的现象，而等待中的客户必然会降低对产品和销售者的评价。那么，销售者怎么样才能节省客户的等待时间，创造更舒适的消费体验呢？

客户的等待时间可以分为两种，一种是真实的时间，另一种是感受上的时间。销售者可以从这两方面来入手，一是降低客户在等待过程中的空虚感，二是缩短客户的等待时间。

舒缓的音乐、舒适的休息场所、展现在客户面前的高效率的工作以及时刻提醒着的处理进程，这些都能让客户减轻等待的痛苦。不过，心理感觉毕竟只是一种缓解方式，最重要的还是缩短客户的等待时间。销售者可以简化购物程序，比如，增加服务人员（这往往意味着更大的投入）；提高工作效率，通过引入更多的电子设备来代替人工工作，如银行的 ATM 机或其他场所的自助服务设施；加强人员培训，用更专业、更优质的服务来提高处理速度。

案例 63 大道至简——十分钟理发店的亿元生意经

源自日本的 QB House 理发店不做发型设计、不染发、不剃须，连头都不肯洗。但就是这么一家要什么没什么的理发店，自小西国义在 1996 年创立至今，

已经开设500多家分店，年收入40亿日元（约合2.3亿元人民币），拥有一群忠实的"QB拥护者"。

QB House 的极简主义让理发只需10分钟，每次1000日元。对于那些除了想把头发剪短点儿，其他什么都不想做的顾客来说，这样的价格再贴心不过。更重要的是，这样的理发店再也不用大排长龙，更没有人絮絮叨叨让你办卡，发型师也不会为了跟你套近乎一直问你在哪儿上班。

在具体经营管理中，小西国义将顾客划分为儿童、老人、男士、女士四类，各自制订了两三种标准发型，这恰好迎合了消费者对"简单快捷"的追求。而且店内设备也统一了"极简"的标准，没有洗发台、吹风机、热水设备、洗发水、护发素、指甲剪和修胡工具这些传统理发店的必需设备，常用的工具只有剪刀、镜子和毛巾。同时，QB House 都非常迷你，一般6~8平方米，仅摆放三张理发椅。

另外，在客户的等待方面 QB House 也与众不同。传统理发店的等候区一般都摆放着几张宽大舒适的真皮沙发，QB House 却只有几把普通座椅。不过这并不是普通的座椅，只要有人坐下超过六秒，座椅就会自动记录，把等待时间的信息传送到店门外的三色灯，让路过的人了解店内的状况：绿灯亮，表示马上可以剪；黄灯亮，最多需要等五分钟；红灯亮，最多需要等十分钟，一目了然。

QB House 甚至连收银柜台都不设，而是在店门口摆放着一台不找零钱的排号机，只收1000日元面值的钞票，或者是刷卡付款。顾客确定要理发后，通过排号机获得票号。店内也没有叫号服务，顾客按照门口座椅顺序依次进入，把小票递给理发师，就能坐下剪发。

虽然 QB House 的创新仍有很多争议，"但我们赢得了顾客，我想这才是最重要的事情，"小西国义说。

在"快餐生活"时代，极简主义越来越盛行，许多产品和服务都从"做加法"变成了"做减法"，返璞归真，回归自我。"做减法"成为现代创业的新方向，尤其在男性消费领域最为明显。

> **销售技巧**
> 在客户等待的过程中，心理控制是很重要的一个方面。等待的不确定性增强了客户的焦虑感，通过调整排队方式、明确等待时间、设定公平规则，可以大大加强客户对等待的控制感，最后达到减轻客户焦虑感的目的。

第八章

攻破客户心理壁垒，让客户心服口服

攻城为下，攻心为上。攻破客户的心理壁垒，才是打开销售成功之门的关键。所谓客户的心理壁垒，无非就是客户对陌生人的不信任感，也就是对销售员筑起一道心理长城，直接阻碍了交易的达成。因此，攻破客户的心理壁垒对成交来说就显得尤为重要。

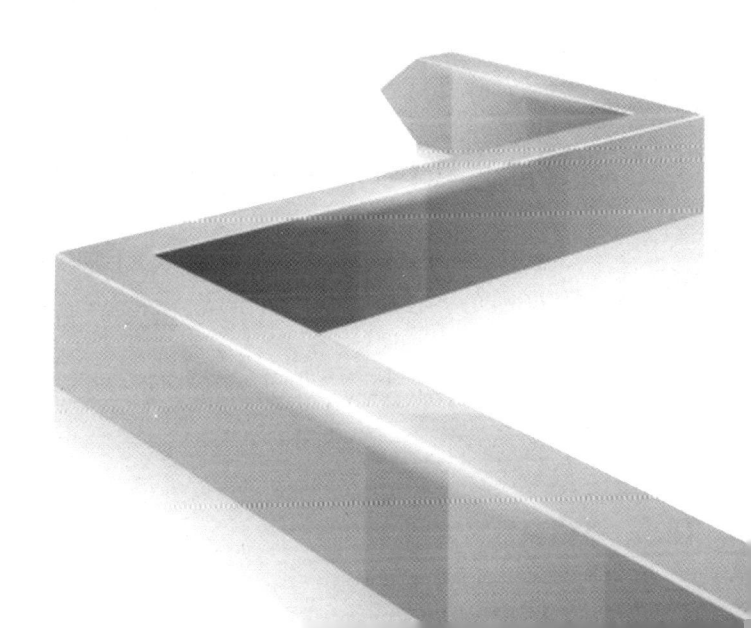

一、专业赢得信赖，熟悉自己的产品，客户才会放心购买

"成功的保险销售员与挣扎中的保险销售员的不同在于其所掌握的专业知识的程度不同。"良好的专业知识是销售成功的基础，也是衡量销售员是否优秀的重要指标。所有成功的销售员都很重视各方面的专业知识，这是树立一个专业销售员的形象的必要前提，也是销售员与客户之间沟通的桥梁。

不过在现实中，许多销售员更多地将自己的平平业绩归罪于"外"，在他们看来，产品知名度不高、广告投入少、价格高、产品竞争力不够……这一大堆原因造成了目前的销售困境。其实，他们这样想可能是想掩饰一个问题，那就是自身专业能力不够强。

案例 64　汽车销售员不知"全铝车身"，只能眼睁睁看着客户走远

某日，一位对汽车知识颇有了解的客户来到一家4S店。销售员段伟立刻上前打招呼，询问客户要看什么车。这时，客户走到了一辆样车前面。

在细心听了发动机的声音并对发动机舱内的各部件做了全面的审视后，客户回头问段伟："这款车是全铝车身吗？"

听到这个问题，段伟一脸茫然地看着客户："全铝车身？"说完这句话，他马上意识到了自己的失态，赶紧向客户道歉："先生，对不起，这个问题我需要帮您查询一下。"

听到这个回答，客户皱起了眉头，二话没说，扬长而去。

段伟赶紧查了一下全铝车身的意思，可惜客户已经走远了。对此，他只能后悔自己的专业知识不够丰富。

"全铝车身"是汽车产品的专用术语，指的是全铝车身框架结构。这种结构主要应用在一些比较高端的汽车上，虽然目前仍存在很多问题，但也不乏拥趸。这本是汽车销售中最基本的常识，遗憾的是段伟连这个基本常识也不懂，这样怎么能够获得客户的认同呢？

销售员对产品的知识掌握得越多，就越有助于获得客户的信任，快速赢得订单。说服客户靠的不是话术和技巧，而是丰富的经验和广博的知识，俗话说的"一力降十会"大抵如此。

那么，销售员具体需要掌握哪些方面的知识才足以应对客户呢？

第八章
攻破客户心理壁垒，让客户心服口服

（1）产品知识：性能、安装、使用、技术等。

（2）公司知识：发展和成就、经营策略和运作程序、生产设施、服务设施等。

（3）竞争对手信息：竞争对手的产品价格、销售计划、产品性能等。

（4）客户信息：家庭、爱好、目标等。

（5）环境状况：政治、经济、文化、地理、气候等。

（6）行业知识：供应者和购买者、价格与服务、替代品与互补品、技术发展趋势、竞争情况等。

未来是属于知识的，未来是属于专业的。知识丰富、专业出色的销售员才能成为销售冠军。比起孤陋寡闻的销售员，见多识广的销售员往往更容易获得成功。这也验证了一句名言：知识就是力量。

> **销售技巧**
>
> 一般来说，销售员获得销售知识的途径主要有两种：一是公司安排的销售培训课程，二是自己在工作中自学获得的销售知识。培训课程可以让销售员在短期内快速获得相关知识，但这终究只是一些皮毛，只有不断学习和总结，才能将自己打造成真正的顾问型销售人员。

二、主动承认缺点，客户会认为瑕不掩瑜

我们总以为完美无缺才会人见人爱，却不想断臂的维纳斯竟能成为女神。其实，由于本性使然，人们很难亲近或信任那些看似没有弱点、缺点或错误的人。相反，略有瑕疵的人反倒显得真实，令人感觉容易相处。

某研究机构曾做过这样一个试验：研究者虚拟出两个求职者：A 和 B，两人拥有几乎完全相同的简历，只是一位承认自己有缺点而另一位没有，最后是谁应聘成功了呢？答案是自曝缺点的 A。

做人如此，做销售也是如此。面对两个价格、品质、性能等各方面相差无几的两种产品，一种产品自曝缺点，另一种则宣扬完美无缺，人们会对"完美者"抱有怀疑，对"坦露缺点者"宽容大方。

在被告知缺点的时候，客户心中也在抉择，他们的心中都有一架天平，左右两边分别是产品的优点和缺点，越反复比较的产品越容易得到客户的青睐，这就是"缺点式营销"（Flawsome）的优点。

案例 65　房产销售员自曝其短，客户反而喜笑颜开，连连夸赞

曾平是一名房产销售人员。一次，他负责销售市区的一套房子，这套房子的面积适中，价格合理，周围交通便利，性价比不错，但是这套房子有一处不足，那就是房间的采光不是很好，显得有些阴暗。

这一天，曾平带着一位客户来看这套房子，并为客户详细介绍房子。看得出来，客户对房子很满意。但这时曾平对客户说："先生，看得出来您对这套房子很满意，但是我要告诉您，这套房子有间屋子的采光不是很好，如果您家有老人的话，最好还是不要选择这套房子。"

听完曾平的介绍，客户先是一怔，随即笑着说："我以前搞过建筑，一进门我便看出来这套房子的采光不是很好，小伙子，像你这样的销售员我可是头一回遇着，真不错啊。你就不怕我不买？告诉你吧，小伙子，这房子我买了，不过原来我买的是楼，现在我买的是你的信誉。"

为什么曾平主动说出房子采光差的缺点后，客户不仅没有离去，反而高兴购买房子呢？首先，主动说出房子缺点，这就向客户表明了一种诚实的态度，取得了客户的信任；其次，房屋采光问题是十分明显的缺点，如果曾平一味地夸赞房子好，对采光的缺点却只字不提，得到的会是客户的不信任。

"优点式"推销模式已经成为过时之物，商场里那些促销人员说得天花乱坠、完美无瑕的商品，很少有人问津。其实完美只是一种错觉，并且是有害的。一两个小缺点并不会毁掉产品，反而会增加客户对产品优点的信任度。

> **销售技巧**　对那些无关痛痒或难以掩饰的缺点，销售员可主动告知；对那些不方便说或者不能说的问题，销售员要诚实地告诉客户不方便说，而不要遮遮掩掩，否则会令客户更加生疑。

三、贬低竞争对手，无形之中会给自己抹黑

俗话说得好"同行是冤家"，在竞争日益激烈的今天，各种排挤、贬低对手的事情可谓是层出不穷，销售行业尤其如此。不过，这样真的能让自己踩着竞争对手踏

上成功之路吗？其实聪明的销售员绝不会以贬低对手的方式来抬高自己的产品，因为这往往不仅得不到客户的青睐，还会引起客户的厌恶。一方面，这种行为容易在客户心中留下素质不高的印象；另一方面，既然对手的产品那么差，那么作为竞争对手的我们又该如何自处呢？

其实，对付竞争对手最高明、最有效的方法就是销售者的风度、产品、服务及专业知识。不论得意还是失意，都可以赞美一下自己的竞争对手，唯有如此，才能为自己成功的天平上加上一颗重量级的砝码。

案例66 坚持"不诋毁竞争对手"，最后悲剧变喜剧，打动客户

朋友杨栋就职于一家直销公司，几年下来业绩虽谈不上多顶尖，但也算优秀。不过，他最大的收获不是收入，而是明白了一个道理："不要诋毁你的竞争对手"，这不仅教会他做事的道理，还教会了他怎样做人。

有一次，一家同行公司和他们的产品同时进驻一个展会，双方的竞争非常激烈，这让杨栋感到压力特别大。对方产品功能多，价格还便宜；杨栋的产品功能少，价格却偏贵。因此，在向客户介绍产品时，对方的销售人员把杨栋的产品贬得一无是处，导致他郁闷不已，对打败对手也失去了信心。

展会快结束的时候，一位中年人走到杨栋面前问："你觉得我买哪家的产品比较好呢？"

杨栋对客户是否购买自己的产品没抱任何希望，于是随口回答："您觉得哪家的产品适合您，您就买哪家的。"

客户追问："那你觉得，哪家的产品适合我呢？"

然后杨栋把两家产品的优缺点都做了详细的介绍，最后说："产品不在于贵或者便宜，关键看适不适合自己，适合的就是好的。"

中年人听后点了点头。第二天中午，中年人再次出现在展会现场，并带来了一份大单。这让杨栋惊讶不已，他好奇地问："我们的产品贵，功能不多，您为什么还要买啊？另一家的产品功能多，价格还便宜，您为何不买呢？"

中年人笑了笑说："因为你自始至终没有说过他们半句坏话，而他们却把你们的产品贬得一文不值，在我看来贬低别人的人未必高尚。"

"不要诋毁你的竞争对手",做事如此,做人亦如此。当销售员诋毁竞争对手的同时,在旁观者眼里,不管对方的产品如何、能力如何,哪怕技不如人,质不如人,也会显得其没有素质。因此,销售员千万不要诋毁竞争对手,诋毁别人就是毁灭自己。

> **销售技巧**
>
> 如果自己的贬低他人的行径被对手知道了,不仅会让同行看低自己,还会使自己名誉扫地。其实客户最看重的是结果,他们所想的无非是用最低的价格买到最好的产品,如果想让客户相信自己,那么就要把自己的产品展示给他们看,而不是费尽心机地贬低对手。

四、嫌货才是买货人,挑产品毛病不代表不买产品

"褒贬是买主,喝彩是闲人",那些对产品挑三拣四的客户才是对产品有真正购买意愿的人,而大加夸赞的往往都是看客。正因为有了兴趣,客户才会认真地思考并提出更多的异议,同时希望借此议价。

因此,当销售员遇到异议时,就算是摸到了成功的门槛;当销售员开始听到不同意见时,那就是一只脚跨进了成功的大门;当销售员得不到任何不同意见时,那一定是客户根本没有留门。

因此,挑三拣四的客户并不可怕,销售员千万不要将其拒之门外,而要给客户提出异议的机会,给他争论的机会,不怕客户嫌货差,就怕客户不说话。销售员在与客户的争论与让步中,才能与客户达成满意的合作。

案例67 客户不停地称赞产品,可"再联络"却成了"不再联络"

石林是某房地产公司的销售人员,由于他刚刚入职,经验与技能都不熟练,因此迟迟没有业绩,非常着急。

这一天,经理正在办公室工作,石林喜滋滋地对他说:"我掌握到一个准客户,他对这套房子非常满意,既不嫌价格高,而且对格局和装潢也不挑剔,一直说不错,还说这么漂亮的房子会有很多人喜欢,一定可以卖个好价钱。我觉得这次一定能拿下这个客户,这个月就有业绩了。"

经理问:"那客户有没有约你第二次看房子呢?"

石林说："没有啊，但客户说'再联络'，所以这一定是个准客户。"

其实"再联络"就是"不再联络"的意思，根据多年的销售经验，经理知道客户其实是不满意，这笔生意肯定要泡汤了。于是他对石林说："算了吧，这个客户希望不大，你换个目标吧。"

石林听到经理的话十分不平，对此不以为然。可是石林左等右等，都没有等到客户的电话，而自己给他打电话时，每次都是关机。

最后，当现实给了石林一巴掌时，他才明白经理的先见之明，同时对"嫌货才是买货人"这句话有了更清楚的认识。

对房子不停地批评，嫌东嫌西，又嫌位置偏，又嫌价格贵，意见一大堆时，这就说明客户对这套房子有兴趣。批评越多，成交的概率便越大，这些只不过是客户"以退为进"，借此议价，为自己多争取一点利益罢了！

> **销售技巧**
>
> 事实上，销售的过程就是不断解决异议的过程，没有异议的往往是走马观花似的看客。在销售的任何阶段，客户都有可能对产品提出各种各样的异议，所以销售员要时刻做好面对异议的心理准备，不能轻视客户的异议，更不能心存芥蒂或打击报复。

五、不要和客户争辩，你赢了也就输了

每个人都有七情六欲，难免有冲动的时候。当销售员遇到怒气冲冲、大发雷霆的客户时，是应该与他一较高低，让他领略自己的雄辩风采呢？还是保持冷静，宽容处理，尽力让客户消气呢？如果我们一味争强好胜，总想着压客户一头，分出个高低胜负，结果既伤了对方也害了自己，最后落一个"双输"的局面。

永远不要和客户争辩！这是成为优秀销售员的必备能力。和客户争辩，销售员输了是输了，赢了还是输了。无论争辩是输是赢，订单都是丢了。

案例68　不与顾客争辩，店长用包容避免了一次不必要的争执

中午下班，邓华照例来到公司附近的那家快餐店就餐，并像往常一样点了一份汉堡和一杯草莓奶茶。很快，汉堡与奶茶便准备好了。

邓华喝了一口奶茶后眉头一皱，自己点的是草莓奶茶，怎么成了香草奶茶？于是，邓华便带着奶茶来到柜台前，向服务员说明情况。服务员了解情况后，

很爽快地帮他换了一杯。

就在邓华端着他新换的草莓奶茶准备离开时，点餐时接待他的那位服务员说："对不起，先生，您刚才点的确实是香草奶茶，我记得非常清楚……"

时间仿佛定格在了这一刻，三个人面面相觑，尴尬不已。

这时，旁边的店长很有礼貌地对邓华说："对不起，先生，是我们弄错了，祝您在本餐厅用餐愉快。"

就这样，邓华端着他的草莓奶茶回到了座位上。猛然间，他意识到自己刚才点的是香草奶茶，因为他点餐时想到好长时间没有喝香草奶茶了，有些怀念，于是便点了一份香草奶茶。结果自己依然按着以前的习惯，以为自己点的是草莓奶茶。

邓华在懊恼自己的同时更加感谢餐厅的服务，因为他们真正理解了服务之道：用包容避免不必要的争执。

认同别人才能肯定自己，当客户提出反对意见时，销售员可以先表达认同，再讲自己的观点。不管客户怎么指责，销售员都要微笑着说"是的""没错""有道理""一开始我也这么认为"，然后再进行解释，这样就会避免很多冲突。

客户：产品太贵了。

销售员：是的，我发现您很有品位，我知道您是用高档产品的人。

客户：产品的包装不太好。

销售员：没错，我发现您的艺术修养真高，您能认真讲一些改进意见吗？我会将其反映给设计人员。

客户：没在广告上听说过你们。

销售员：确实，我们更加注重产品的质量，把做广告的钱都用在技术上了。

客户：一看就是假冒伪劣产品。

销售员：您真是一个幽默的人。

> **销售技巧**
>
> 不与客户争辩并不是毫无底线地答应他的所有要求，而是柔中带刚，表面上维护客户的面子和利益，安抚他的情绪；暗地里则坚守底线，寸步不让。销售员给客户的是宽容、尊重的态度，客户给销售员的则是物质利益的满足。

六、暗盘优惠，这份独享会是客户买下产品的小秘密

暗盘是指大利市机以外的股份交易买卖。由于当中的买卖并不暴露于大众之前，不会经联交所披露其中内容，所以这些买卖被称之为暗盘。而暗盘优惠则是借用这个词汇来创造的销售方法，指的是买卖双方在市场外秘密议定的优惠。

每个客户都希望受到重视，都希望自己是独一无二、与众不同的。当销售员采用暗盘优惠的方式给予客户照顾时，他们会产生特殊的优越感，认为自己在销售员这里拿到了独一无二的条件，获得极大的心理满足。

客户在意的不仅仅是产品的价格，还有与其他客户价格的比较，这种比较比产品价格本身更令他们兴奋。销售员的暗盘优惠实际上就是给客户创造满足这种比较心理的机会，让他们感觉受到了特殊待遇和照顾，这样他们自然就会喜欢上所推销的产品了。

案例69　赚钱的便利店有秘诀，用暗盘优惠抓住顾客的心

自从附近开了一家超市后，很多便利店的生意就越来越差了，一天都没有几个人光顾。不过，小区门口的这家便利店却并不受此影响，生意一直很好，而秘诀就是暗盘优惠。

这家便利店的商品价格没有比超市便宜，品种也没超市齐全。可是便利店在找零的时候，如应该找给顾客14元，它就会找15元；如果买51元的物品，就只收50元；有时候一些积压商品或新品，还会免费赠送。

正是这种暗盘优惠牢牢抓住了顾客的心，使得大家喜欢光顾这家便利店。

无论是销售者的让价还是赠送，暗盘优惠所能起到的作用远远大于它本身的价值。回想一下，自己在生活中常去的饭店或商店，抑或是其他消费场所，是否都曾实行过销售者的暗盘优惠呢？

销售员与客户非亲非故，为什么会对其高看一眼，给予特殊优惠呢？很简单，这是一种销售策略，不过它的高明之处在于你明知道它是销售策略，你却依然选择。可见，这种暗盘优惠可使多少一般客户变成永久而忠实的"散财童子"呢？

> **销售技巧**
>
> "生意归生意，朋友归朋友"。如果不用暗盘优惠与客户建立友谊，客户凭什么一定要购买我们的产品呢？如果客户没有得到朋友般高人一等的特殊体验，那他为什么让我们来挣这个钱呢？

七、善用对比，让客户对产品的优点和不足一目了然

如何使我们的产品显得更有价值？如何使我们的产品更有竞争力？如何使我们的产品显得性价比更高？最好的办法就是善用对比，为客户描绘出一个性价比极高的产品形象。

其实，所有购物行为的产生都是基于对比的结果，既要和其他产品对比，更要跟自己对比，在对比中我们才能更好地向客户展示出产品的优势，赢得竞争的胜利。

无论是宣传推广还是谈判推销中，只有制造与善用"对比"，才能呈现价值的相对优势，给予消费者购买的理由。为什么说是相对优势？因为消费者能感知到的只有对比中的价值，而无法判断绝对价值。没有对比，客户就缺少了衡量产品价值的尺度。

案例70 利用对比分析小技巧增加说服力，坚定客户购买决心

范强是某4S店的销售人员。这一天，一位中年男士来到店里选购汽车，范强热情地接待了客户。经过简单地沟通后范强得知，客户最近刚刚升职为部门主管，打算购置一辆SUV汽车，于是他向客户推荐了一款性能不错的汽车，并让客户试驾。

试驾结束后，范强说："先生，您感觉刚才试驾的这辆车怎么样？"

客户说："还不错，就是感觉车身小了些，不够气派。发动机也不行，起步太慢了。"

范强微笑着点了点头说："可以看出您是一个追求完美的人，也许这辆车还有一些小问题，但我个人觉得很适合您。"

客户问："为什么这么说呢？"

范强回答："您说车身太短，不够气派，我想知道您在试驾的时候是否有压迫感，觉得空间小呢？"

客户摇摇头说："这倒没有，试驾时我觉得车身里面蛮宽敞的。"

……

范强一边询问，一边拿出纸笔将这款车的性能对比情况展示给客户看。

购买理由：内部设计人性化，空间大，操作简单；油耗低，节约能源；性价比在同档次车中是最好的。

不购买的理由：外观不够气派；动力不够大；价格偏高。

看了范强的比较和分析后，客户思考了一会儿，最终决定购买这款车。

在平时的销售工作中，销售员可以随身携带纸笔，一边向客户讲解，一边将产品的对比写在本子上。销售员可以在纸上分出左右两列，左边列出购买理由，右边写上不购买的理由或客户的顾虑。这就使产品的优点和不足一目了然，显得更有说服力，可以帮助客户更快地做决定。

> **销售技巧**
>
> 在陈述自己观点的过程中，销售员要着重强调客户关心的事项，并由此展开对比来劝服客户，使客户对关键问题有全面的认识，以加深他对产品优点的印象。毕竟，产品的各项优点或缺点的重要性是不一样的，销售员要区别对待。

八、拿数据说话，客观公正的阐述更易令人信服

"销售永远是一个有关数字的游戏。"无论销售员是多么口若悬河、滔滔不绝，都抵不上几个简单的"数字"。很多时候，销售员费尽口舌，客户却无动于衷，一两个精确数据反倒能事半功倍！用各种数据来量化产品的优势，不仅能让客户更加信赖产品，而且还帮助他们更快地做出决定，这是一名优秀销售员的必备能力。

案例 71　犹豫不决的客户被销售员一招说服——让数据来说话

客户："这个产品的功能基本上符合我的要求，不过我还是有些担心质量。"

销售员："这个您可以放心，我们做过质量检测，我们公司的产品可以连续使用六万个小时而无质量问题。"

客户："哦，是吗？"

销售员："是的，我们的产品共有九道生产工序，每道工序都有专门的检查小组进行质量检验。正是由于质量有保证，我们的产品已经在30多个国家销售了近300万台，还没有发生一起退货事件。"

客户："不过，你们的价格……"

销售员："先生，这款产品才1800元，假设您用10年，一天才花五毛钱，您有什么好担心的呢？"

客户听后，沉思了一会儿便同意了。

销售员之所以能说服这位客户，就是因为他在介绍产品时，结合了大量符合实际利益的数字来加以说明，这让他的话更专业、更具说服力。可见，在销售过程中，如果销售员能适时地列举一些详细、精准、恰当的数字，帮助客户做出最有利的选择，那么客户就会看到销售员的专业性和权威性，从而对销售员产生信任和依赖。

和很多其他销售方式一样，数据的使用虽然具有积极的作用，但如果使用不当，同样会造成极为不利的后果。因此，在运用精确数据说明问题时，销售员需要注意以下几点。

1. 使用最新数据

销售员应该养成及时掌握产品数据变化的习惯，力求每次向客户提供最新的信息。缺乏时效性的数据根本起不到任何作用，还有可能让客户认为销售员是在欺骗他们。

2. 避免罗列数据

单纯的数据罗列会使销售员的讲述极其乏味。这样不仅无法达到预期的效果，还会令客户感到眼花缭乱。因此，给数据加上一点点调料，能让它的味道更加鲜美。修饰要适度，恰如其分的修饰语可以使数据更加形象生动，但如果辞藻过于华丽，就会给客户留下华而不实的印象。

3. 选择合适时机

如果销售员一开始就用一大堆数据来表达，那就很容易将客户绕晕。因此，最好选择一个合适的时机来使用数据，比如当客户就某方面问题提出异议时，销售员可以使用准确的数据来向其证明产品的优势，以消除客户的疑虑。

总之，数据是销售员手中的魔法棒，只要在销售过程中使用得当，它就能发挥出神奇的力量，帮助销售员赢得更多的客户和订单。

> **销售技巧**
>
> 要想使用数据，首先要学会收集数据。除了公司提供的数据外，销售员还可以参考各种行业报告，如国家相关部门发布的权威性报告、第三方咨询机构出版的报告、知名大学或国外机构的研究报告等。另外，各种第三方平台上也有很多值得关注的信息，千万不要错过。

第九章

有条不紊地引导客户，消除客户说"不"的可能

物美价廉，却四处碰壁；费尽口舌，却屡屡被拒。一成不变的销售模式需要改变了！想成交？想签单？那就引导客户自己说服自己。销售员要时刻把握谈话的方向，做到有条不紊，引导客户向自己设计好的方向前进，成功地实现销售目标。

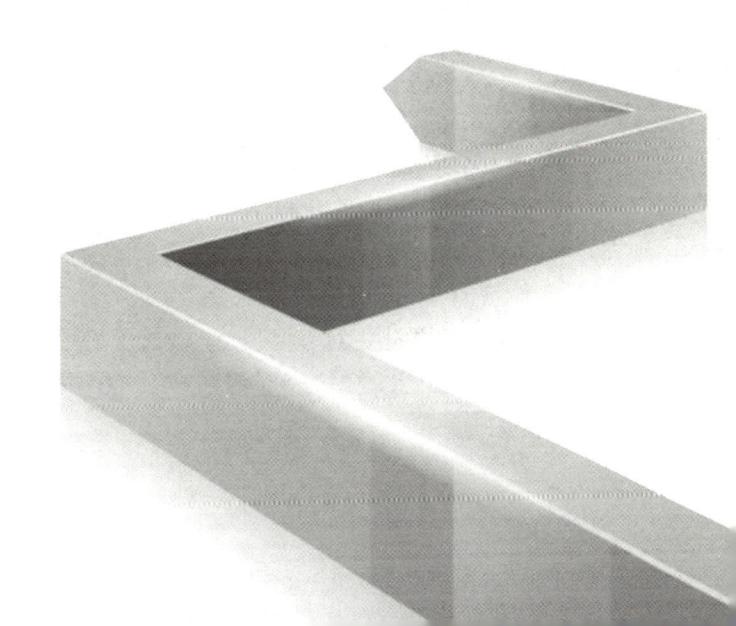

一、探寻式提问，提出新话题，让客户有话可说

销售是语言的艺术，它既是说的艺术，也是问的艺术。恰当的提问既可以引起客户注意、引导客户思考，又可以获取相关信息、争取谈判主动权，是销售谈判的关键所在。

探寻式提问是指销售员通过自己的判断，把希望获取的信息用提问的方式说出来。这类问题一般都会从客户那里得到明确的答复。如果销售员能巧妙地使用这种提问方式，就可以从客户身上获得大量的有用信息。

同时，探寻式提问比较容易引起客户的谈话兴趣，让谈话可以继续下去，避免因缺少对话而让双方陷入尴尬的沉默之中。在双方进行话语交流时，双方的感情交流也在不断加深，这就为最后的销售谈判提供了良好的基础和准备。

案例 72　置业顾问巧用探寻式提问，不知不觉地摸透客户心理

蒋倩是某房地产公司售楼部的置业顾问。这一天，售楼部来了一位看房者，她马上迎上去问："先生，您好！请问您想看什么样的房子呢？"

客户回答："今天刚好路过，随便看看。"

蒋倩又问："哦，欢迎，请随便看。我们这里有三室、四室这种100平方米以上的大户型，也有两室和单间配套的小户型，自住不错，投资也非常好。不知道您有什么想法？"

客户回答："有小户型呀！那就看看小户型吧。现在已经有房子住了，买个小户型的可以用来投资。"

区区几句话，销售员便已得到了自己想要的信息，引出新话题，同时以问句作为自己话语的结束，把问题留给客户，让他一直有话可说。

其实，提问的本质是思考的一种表现形式，好的问题不仅能促进沟通的继续，更表明了提问者的思考过程和思考模式。同时，恰当的提问可以在某种程度上引导客户思考，使其意识到他想要的答案。

为了了解客户的态度，确认他的需求，销售员可以向客户提出一些问题。比如"您是怎么想的？""您对××的看法？""您认为我们的产品怎么样？""您目前还有什么顾虑吗？"

第九章
有条不紊地引导客户，消除客户说"不"的可能

使用这种方法向客户提问后，销售员要耐心等待，在客户回答前不要轻易插话，而要加以鼓励，使他大胆地说出心中所想。如果销售员操之过急，让客户感到焦虑和紧张，那他可能失去谈话的兴趣。

相对而言，探寻式提问是客户比较容易接受的一种提问方式。对于销售员提出的那些有价值的问题，客户会认真对待，可能会透露一些重要信息。同时，双方的沟通不仅仅是信息交流的过程，还是感情交流的过程，对取得客户信任和好感大有裨益。

> **销售技巧**
>
> 在充满不确定性的销售活动中，比掌握答案更重要的是拥有探寻式提问的能力。无论是客户的心理变化，还是双方的观点交流，所有的一切都离不开探寻式提问。销售员要习惯让自己充当一个提问者和倾听者，这样才能让销售进程更加顺利。

二、苏格拉底问答法让客户一直说"是"

在销售工作中，很多销售人员常常摸不透客户的心理活动，只是一味地将推销技巧强加给客户，结果总是引起对方的反感。销售是人与人之间的互动，销售员必须了解对方的心理，这样才能有所斩获。

要想迅速达成交易，销售员要善于迎合客户的惯性心理，顺应他的思维，切忌长篇大论、自说自话，最后落个徒劳无功的下场。古希腊哲学家苏格拉底曾提出一种独特的问答法，这种欲擒故纵的提问方式在销售工作中有着很重要的作用。

与人论辩时，先不要讨论有分歧的观点，而是着重强调共同的观点，取得完全一致的观点后，再自然地转向自己的主张。具体的做法和特点是：开头提出一系列的问题让对方连连说"是"，与此同时，一定要避免让他说"不"。

案例 73 聪明的电机销售员在客户不断肯定中说服了他

一次，戈登到一家不久前才发展的新客户那里去，希望能再推销一批新型的电机。一到这家公司，客户就劈头盖脸地说："戈登，你还指望我们能再买你

的电机？这几台你都得给我退了！"

了解情况后戈登才知晓，原来客户认为不久前从他这里购买的电机发热超过正常标准。强行争辩只能两败俱伤，于事无补，于是戈登决定采取苏格拉底问答法来说服对方。于是，他故意说："好吧，我和您的意见相同，假如电机发热过高，别说退货，就算是赔偿损失也是应该的，您说是吗？"

"是的！"客户一口确认，却不知这正掉进了戈登的谋划中。

"虽然电机发热总是难以避免的，但您当然不希望它的热度超过全国电工协会规定的标准，是吗？"

"那当然。"

"按规定，电机的温度可以比室温高30度，对吗？"

"对，"客户说，"可你们的产品比这高得多，简直叫人没法摸。"

戈登反问道："那你们车间的温度是多少？"

客户略为思索后说："大概30多度。"

戈登微笑着看着客户说："好，车间是30多度，加上应有的30度，一共是60多度。您把手放在60多度的铁家伙上，怎么会感觉不到烫呢？"

听了戈登的话，客户只得不情愿地点头称是。

戈登接着说："放心！电机的温度完全在正常范围内，您可以放心使用。"

结果，戈登不仅说服了对方，消除了对方的疑虑，还达成了自己来时的目的：再向客户推销一批电机。

戈登通过自己机智而巧妙的提问，让客户一直说"是"，使其在不知不觉中改变了自己的观点。这就是苏格拉底问答法的巧妙之处：让对方在不断肯定中被说服。

为什么这种方式能有这样的效果呢？因为在说话时，如果一开始就说"是"，就会使整个心理趋向于肯定的一面，无论是身体还是内心都呈现出一种放松的状态。相反，说"否"字就容易产生对立情绪，在生理和心理上都出现一种极度紧张的状态。当一个"不"字从客户口中说出时，他的人格尊严就需要他坚持到底。哪怕之后他觉得应该说"是"，他的尊严也不允许他改变，只能一味地坚持下去。

> **销售技巧**
>
> 让人做出"是"的反应并不那么容易，所以销售员要对准备提出的问题多加思考。首先，要保证第一个问题的质量，哪怕稍有离题，也要确保客户会说"是"；其次，问题之间的承接转折也很重要，如果相互之间出现大的空缺或漏洞，就会使客户产生警惕，影响沟通效果。

三、选择并非越多越好，不要给客户第三种选择

人们喜欢在众多选择中做出决定，似乎选择越多意味着品质越高，聪明的销售员自然不会忽视这个。例如，人们单独消费时很难区分1000万像素照片和2000万像素照片的优劣，而销售员将两种照片摆放在一起宣传时，人们自然会在比较中得到一个更明确的结论。

不过有研究者发现，选择越多越好的观点似乎有待商榷。他们发现，随着选择的增加，消费者并没有获得更多的满足感。相反，这种变化让消费者产生恐慌，过多的选择让他们承担了更多的做出错误决定的风险，以致他们迟迟难以决定，反倒影响了产品的销售。试想，我们从两种商品中可以轻易地选出优劣，可当我们面前摆着十几种、几十种商品的时候，这个决定还有那么容易吗？

某研究团体曾做过一个有趣的试验，他们在一家超市里设置了两个小摊销售果酱，一个仅出售6种口味，另一个则有24种口味。结果显示有24种口味的摊位吸引了较多的顾客：242位经过的客人中，60%会停下试吃；而260个经过6种口味的摊位的客人中，则只有40%停下试吃。看起来，似乎销售24种口味的摊位更受欢迎，可销售结果却打了所有人的脸：在有6种口味的摊位前停下的顾客30%都购买了果酱，而在有24种口味的摊位前的试吃者中仅有3%的顾客选择购买。

其实，过多种类的商品在为消费者提供更多选择的同时，也降低了人们购买的满意度，消费者更加焦虑、更加难以从购买过程中获取快乐。虽然有所选择让人开心，但选择过多就只剩忧愁了。一般来说，每种类型的产品提供两种选择就已经足够了。要知道，在过多的选择面前，即使经验丰富的消费者也常常后悔他们当初的"明智选择"。

案例74　选择越多越痛苦，琳琅满目的衣服让顾客失去了选择的能力

国庆期间，董悦决定趁着各大品牌打折去街上扫荡一番。她约上自己的闺蜜"气势汹汹"地跑去各大品牌店。

看着一大堆价格优惠、样式新颖的衣服，董悦兴奋不已，可没过多久她就开始心烦，这是为什么呢？原来，这么多款式的衣服让她眼花缭乱无从选择了。刚遇到一个挺喜欢的，结果没走两步又看上一个更好的，最后却哪个也没买，因为后面还有一大堆自己喜欢的，这该怎么选呢？

两个人转了一晚上，结果什么都没买，还累得要死，董悦叹了叹气说道："哎，太多衣服了，都不知道买什么好了，整个人都懵了。"

过了几天，假期快要结束了，董悦思前想后，还是决定再去看看。结果很多商家要么是促销活动结束了，要么是打折产品的款式或尺码不全了，能让董悦看上眼的仅剩下寥寥数件。

这些被别人挑剩下的董悦应该不会喜欢吧？恰恰相反，选择少了以后董悦反倒轻松了，她很快买了几件衣服。

其实，现在已经有越来越多的商家明白了这一点，甚至还被各行各业广泛运用。例如，商家的"店长推荐""优惠套餐"之类的内容，就是在给顾客提供更加准确的指引，避免其决策陷入瘫痪。

> **销售技巧**
>
> 销售员可以采取高低搭配的结构，主推产品配上一个高端产品，虽然其销量可能不怎么好，但它强化了客户对低价位产品的认同，大大提升了低价产品的销量。销售员不必追求卖出多少所谓的"豪华套装"和"顶级配置"，而是以此向消费者证明，除此之外还有更好的选择。

四、互惠原理让客户心里产生亏欠感

互惠原理认为，我们应该尽量以相同的方式回报他人为我们所做的一切，简单来说就是一种回报行为。互惠原理是一个很广泛的概念，应该如何付出对等的回报与很多方面有关，因此一个小小的人情造成的负债感甚至会导致人们回报一个大出很多倍的好处。

互惠原理的神奇之处在于，即使对方是一个陌生人，或者是一个不受欢迎的人，但只要他先施予一点恩惠再提出自己的要求，我们就会感到难以拒绝。

其实，这个使我们产生负债感的恩惠并不一定是我们主动要求的，很可能是对方强加到我们身上的。但即使这样，我们依然无法消除自身的负债感。接受恩惠势必会削弱我们的选择能力，把决定我们会对谁负债的控制权交到了对方的手里。很多时候，互惠原理会产生一种不对称，所有真正的选择都在主动施予恩惠的人手里：他选择了最初的恩惠，也选择了回报恩惠的方式。

如果销售员能够成功地利用互惠原理让客户产生负债感，就可以大大提高销售的成功率。每个人心中都有一种不愿亏欠他人的心理倾向，虽然这与经济学中的"经济人假设"相悖，但现实中的人们确实常常表现出这样的心理倾向，一旦受惠于人，便如同芒刺在身，浑身都不自在，希望尽快解脱出来。

案例 75　销售员用免费试用吸引客户，让其产生亏欠心理

某个主要以直销模式取胜的公司在销售中采用了一种特殊的促销手段，首先他们将公司经营的产品，诸如厨房清洁剂、除臭剂、抛光剂等日用品整理到一个精美的袋子或盒子中，然后销售员将这些试用套装送往各个社区。

销售员并不会直接上门推销，而是将这些试用品留在客户的家里供其试用几天的时间。试用期结束后，销售员会上门取走剩余的试用装，整个体验过程不收取任何费用，也不过问这期间究竟用掉多少。这种免费的试用套装自然很少有人拒绝，于是接受试用装者甚多。

当试用期结束，销售员上门取回试用产品时常常会大有收获，很多试用了产品的潜在客户变成了真正的客户。原因何在？

其实，那些接受产品试用的人在不知不觉中已经受到了互惠原理的影响，在免费试用的过程中产生了负债感。为了平衡这种心理，他们便选择以购买商品来向销售员弥补，而这一切正是销售员的目的。靠着这种销售策略，这家日用品公司在很短的时间内便取得了优秀的成绩。

免费试用除了可以引起消费者的兴趣和热情外，还能使他们在不知不觉间产生负债感，这就是互惠原理的应用。其实除了免费试用外，赠送礼品、热心接待等多种售前服务都有着这种作用。很多时候，正是这些小小的举动促成了一笔笔巨大的生意。

> **销售技巧**
>
> 为什么人们会产生负债心理呢？一般来说，整个社会对不遵守互惠原理的人有一种发自内心的厌恶，并进行排斥和抵制。在社会舆论与内心道德的相互作用下，人的负债心理就此产生。因此，如何让自己站在道德制高点上，是使用互惠原理的关键所在。

五、制造感动，口碑升级，客户哪还有理由不买

客户太不"忠诚"了——一打价格战客户立刻转移，只要有新品牌、新概念出现，他们就产生尝试、转变的心理，降低对原有品牌的信任程度。慢慢地，销售业务越来越难做，市场越来越混乱。同时，客户却抱怨销售员只做表面文章，购买前后两副"面孔"。难道这是客户的错吗？究其原因，是销售员

没有感动客户，客户也没有信任销售员。

其实，一次感动足以让客户回味数载春秋，还能像涟漪一样影响周围的人。如果仅仅靠单一的利益驱动，总归要钱尽情散。由此可见，感动的力量可能是将销售业务持续下去的关键。

案例76　一把小小的扇子赢得一份大大的订单，最好的销售秘诀是感动

作为部门业绩最优秀的销售员，于飞的秘诀其实很简单，那就是每天去客户那里，帮客户扫地、拖地、擦桌子、购买杂物——做一个不要报酬的小时工。

久而久之，于飞便成为客户公司风雨无阻、不迟到、不早退的最忠诚"员工"。时间长了，客户自然会感动，而且于飞销售的产品也确实不错，客户有什么理由再去拒绝呢？

有一次，于飞赶到客户那里时已经是午休时间。没想到因为线路改造，那天竟然停电了，而现在正值盛夏，客户在"火炉"中汗流浃背地沉睡着。于飞不禁拿起扇子边送凉边驱蝇边等待，这个客户舒服地睡了两个小时，醒来时感动不已。

虽说这是个不起眼的小事，但就是这件小事改变了客户想代理其他品牌的决定。此后，这个客户的销量一直呈直线上升，同时，在他的极力宣传下，于飞还得到了很多新客户。

事实上，很多感动客户的事并不需要销售员付出多少额外成本，更不需要花费多少时间或资金。很多事情对销售员来说不过是举手之劳，就像案例中的那些小事一样，当销售员一点一滴地去做时，感动就开始悄然生长。就像"润物细无声"的春雨一样，感动也是这样慢慢滋润出来的。

在市场竞争越来越激烈，产品品质越来越接近的情况下，销售已经从让"客户满意"变为让"客户感动"。以往的有明确标准的行动已经无法满足客户，客户的主观感受越来越成为决定销售成败的重要因素。

案例77　GE电器的感动营销——从家电维修的小事做起

在几十年前的美国，曾经有一家很不起眼的小型家电零售店。一天，有位顾客因购买的洗衣机发生质量问题，去维修点修理。这时令顾客惊讶的一幕发生了——在维修员收下问题产品的同时，竟然搬来了一台比顾客原有的更佳的洗衣机作为顾客的备用品。这可能不算什么大事，但它足够给顾客带来惊喜与感动。

第九章
有条不紊地引导客户，消除客户说"不"的可能

这些类似的感动案例似乎并没有太高超的销售技巧，但它决定了这个家电零售企业的未来，决定了 GE 电器在全球的地位。

销售员只有不断创造感动故事、营造感动氛围，才能攀登顶峰，成为市场的领跑者。做销售就是感动客户的过程，舍此无他，销售员在销售工作中一定要时刻铭记这一点。

> **销售技巧**
>
> 销售员可以通过各种手段来制造感动，骗取客户的感情，但如果操作不当，就无法获得客户内心的真正的感动，最终会被客户抛弃。因此，如果仅仅是为了感动而去制造感动，缺乏同理心，那必然会显得十分虚伪，最后被客户所识破。

六、为客户提供极佳娱乐体验，激发高昂的消费情感

随着物质生活的丰富，人们对精神生活的追求也在不断升级，以往的消费活动更多地强调实用性，而现在则更注重体验感。激烈的市场竞争使技术传播的速度加快，同类商品和服务的差别越来越小，传统的商品和服务已经很难满足人们的个性化需求，体验式营销的出现正好解决了这个问题。

体验式营销可以给消费者带来更加刺激和深刻的感受，让他们充分了解一款产品的优势并选择购买，这就是体验营销的独特之处。越来越"挑剔"的消费者不断推进着消费市场的变化，体验式消费已进入人们的生活中，并且开始占有较大的比重，体验式消费时代已经来临。

案例 78 不能办理业务的银行"网点"——ING Direct 成功的秘密

ING Direct 是一家没有实体营业网点的零售银行，它所有的业务都是通过互联网、电话和电子邮件等完成的。为了向潜在的新客户推销业务，ING Direct 在纽约市的黄金地段开设一家咖啡店。

这家咖啡店环境优雅，设有舒适的休息室，客户可以在这里阅读财经报纸，通过电子屏幕了解市场动向，利用免费网络了解投资组合情况，和朋友聊天，

甚至坐着发呆。而令人惊讶的是，这个 ING Direct 开设的咖啡店里竟然无法办理任何金融业务。

结果，仅这一个不能办理任何业务的"网点"，在一年内就给公司带来两亿美元以上的新增业务。ING Direct 意识到金融服务的大众化程度非常高，而要想让潜在客户接受银行的金融产品，向他们提供有吸引力的体验或许是最好的手段。

同时，ING Direct 的咖啡店并不是提供免费服务的，它出售的饮品和糕点的价格与星巴克相差无几。在舒适的消费体验中，客户很乐意掏腰包。虽然 ING Direct 没有披露咖啡店的财务运营状况，但通过观察和分析，我们有理由相信，这个营销体验项目不仅能带来业务，而且自身还能盈利。

由于纽约的咖啡店很成功，ING Direct 后来又在费城和洛杉矶开设了咖啡店。就这样，它靠着一个不能办理金融业务的银行"网点"，获得了相当于普通网点数倍甚至数十倍的利益。

如同伯德·施密特博士在《体验式营销》一书中所言，体验式营销是站在消费者的感官、情感、思考、行动、关联五个方面，重新定义、设计营销的思考方式。这种对传统的"理性消费者"假设的突破，提出了一个理性与感性兼具的理论，消费者在消费前、消费时、消费后的体验，才是研究消费者行为与销售者营销的关键。

> **销售技巧**
>
> 体验式营销以拉近销售者和消费者之间的距离为重要经营手段，成为销售者获得竞争优势的新武器。但体验式营销并不是适合于所有行业和所有产品，只有那些具备不可察知性，必须通过使用才能断定特性的产品，才适合运用这种方式。

七、真情流露更具有煽动性，用真诚打动客户的心

布莱恩·迈克纳玛拉："只要我们时刻把消费者放在心中，我们就会始终处在我们应该在的位置上。"

人与人之间是相对的，销售员怎么样对待客户，客户就会怎么样对待销售员。如果销售者想成为客户信任的合作伙伴，就要真诚地对待客户。客户们都是久经沙场的老将，销售套路他们都一清二楚，容不得半点虚情假意。如果客户觉得销售员只顾个人利益，不顾他人的利益，那他将毫不犹豫地抛弃销售员。因此，要想与客户保持长久的合作关系，销售员就必须真诚地对待客户。

真诚首重细节，细节决定成败。销售员要让客户感受到他们的一言一行都是

真诚的，用真诚、真心、真情建立与客户沟通的桥梁，让客户放心，最后达成销售目的。

案例 79　销售员学会和客户交心，人情做足生意自然成

潘昭到王总公司的时候，王总刚好不在，于是他便与前台接待聊了起来。凭着自己的三寸不烂之舌和一袋进口零食，潘昭了解到王总今年 30 多岁，有一个 4 岁的女儿。王总做事雷厉风行，不过他一般上午不来上班，而是在下午和晚上上班，有时甚至工作到深夜。

等到下午 1 点钟左右，潘昭终于见到了王总。因为双方了解不深，所以只进行了简单的接触。最后王总态度一般，没有做出什么表示，看起来兴趣不大的样子。

临走之前，潘昭加了客户的微信说先发几张产品资料图，顺便聊了聊养生话题，主要是关于熬夜的。后来，潘昭每周固定在微信上发周末愉快和熬夜应该怎么食补的内容，以此来加深客户的印象。

没过多久，潘昭买了一个果篮，里面有龙眼、葡萄、苹果等各种水果，寄到了客户前台那里，然后给客户发信息："王总，今天朋友水果店开业，特为其捧场，与您一同分享，咱们同喜同喜。每天吃水果，医生远离我。小潘"

晚上的时候，王总回复了潘昭一条短信："谢谢！"

很快，潘昭再次拜访了王总。这次王总的态度好了很多，不过双方在价格问题上还是存在很大分歧，一时难以谈妥。结束会面后，潘昭帮客户做了一份 4 岁孩子的增值服务，亲自送到了客户家里。

过了大概一个星期，王总打来电话："小潘啊，明天你把合同带过来吧，我觉得你挺用心的。"

潘昭连忙答应，他这次真的是对真诚待人有些理解了。

一声满含温情的问候，一句工作之余的祝福，一个真心诚意的帮助，一些销售员平时经常忽略的细节，就可以打动无数客户的心。如果销售员能用自己的真诚打动客户，那便如同洋溢的春风，暖入人心。

> **销售技巧**
>
> 真诚并非那么简单，销售员首先要把客户的现状分析清楚，当客户在意气风发的时候，销售员要给其锦上添花，同时还要扩大影响力；而当客户处于低谷的时候，要与其共渡难关，尽量用最少的钱办最多的事情，这样才有可能深入人心。

八、少说"我",多说"我们",对客户的重视不容忽视

每个人对自己的关心都要远远甚于他人之事,这既是理性,也是天性。因此,很多人在谈话中总是过于强调自我,忽略对方的感受和意见,这对销售员来说却不是什么好习惯。

我们在人际交往中可以发现,那些经验丰富、左右逢源的社交高手,一般很少直接跟别人说"我……",而是说"我们……"。虽然这种行为略有拉关系之嫌,但效果十分明显。

"我"与"我们"之间仅一字之差,为什么会存在如此大的区别呢?"我们"表明说话者关注对方,站在双方共同的立场上看问题,而不是仅仅局限于自己的视野。"我"则相反,一开口就容易引起人们的敌视与对立。面对形形色色的客户,销售员很难准确把握每个人的心理,但只要站在对方的立场上为他着想,自然会取得对方的信任。

"我们"一出口,便能让客户感到被重视,而这种重视本身就具有很大的价值。而且,说"我们"还意味着销售员有和客户继续交往的欲望。对客户来说,销售员是否与他站在同一阵线上,是否愿意为他解决问题,是否给予他足够的尊重,这些都是十分重要的。

"我"和"我们"不仅仅是一个称谓问题,更是一个心理问题。事实上,当销售员在客户面前频繁地说"我"的时候,就已经失去了客户。

案例80　高傲的销售员"我"字不离口,结果被客户直接挂掉电话

张康是某收藏品销售公司的销售员,虽然他刚刚入职,但性格高傲,在部门里的人缘非常一般,而他也不在乎。这天,公司对内部员工进行销售方面的培训,不过张康整场培训都在玩手机,根本没有关注培训。"自信、话多、胆子大",张康觉得凭借这三板斧就足以征服客户。

这天,张康给一位对收藏有兴趣的潜在客户打电话,他说:"您好,请问是××先生吗?我是××收藏中心的××,您还记得吗?"

客户:"嗯。"

张康:"我今天给您来电话是想和您分享一个好消息,目前人民银行发行了一款新的纪念币,不知道您关注没有,现在各大报纸都在跟踪报道,非常值得收藏,方便的话我给您介绍一下。"

客户:"什么样的?"

第九章
有条不紊地引导客户，消除客户说"不"的可能

张康："我跟您说……我认为这款纪念币很有收藏价值……我觉得您应该……"

客户："我考虑一下吧。"

张康："我跟您说，这款藏品是由中国人民银行权威发行的，我觉得这种大题材的纪念币收藏升值空间是相当可观的。就像您上次在我公司购买的第四套人民币长城小四联，发行的时候不到5000元，结果不到两年的时间它都已经涨到10000元出头了。我觉得现在是最值得收藏和投资的，您还有什么犹豫的呢？"

客户："不过……"

客服："您不必犹豫了，我跟您说，现在可是最佳的购买机会。您要是有兴趣，我可以给您多发一些资料。我觉得吧……我公司……"

客户："不好意思，我有点儿事，咱们改天再联系吧。"

张康："我……"张康的最后一个"我"还没说完，客户就挂掉了电话。

张康的一个个"我"对客户来说简直是一种折磨，这种令人难以忍受的推销方式怎么会有人喜欢呢？事实证明，人们都很在乎别人对自己是否重视，是否关注自己。如果发现销售员只顾着"我"，客户自然也就没有谈下去的兴趣了。

人人都喜欢戴高帽，人人都喜欢被重视。因此，销售员要学会把握客户的这种微妙的心理，在谈话中多说"我们"，少说"我"，让客户感觉到销售员是与他们站在同一立场上的。

> **销售技巧**
>
> 注意，不能事事说"我们"，因为销售员只能代表自己，代表不了客户。如果过多地使用"我们"，就会使客户产生一种被操控、被逼迫的感觉，引起对方的不适和反感。例如，"我们应该现在就成交""这是我们最好的机会了"……一两句无妨，说多了会让客户厌烦。

第十章

异议是成交的前奏，化解异议为成交开路

客户的异议既是成交的障碍，又是成交的信号。通常情况下，客户的异议正是其不愿意购买的理由，只要销售员能够成功地消除异议，就可以有效地促成交易。因为凡是客户提出的异议，一般都是购买的主要障碍，异议处理完毕，销售员可趁热打铁，立即请求成交，这样往往能收到意想不到的效果。

第十章

异议是成交的前奏，化解异议为成交开路

一、客户揪出产品缺点：巧妙地把缺点转化为卖点

没有什么产品是完美无缺的，很多销售员没有坦诚告知客户产品的缺点，而是掩饰产品的缺点。于是，销售员口中完美无缺的产品，常常被客户揪出缺点，然后销售员百般掩饰与推脱，试问这样的产品还有人敢买吗？

其实，销售员大可不必隐藏产品的缺点，因为这是完全不可避免的，而且某些看起来是缺陷的方面，换个角度来看的话说不定就是优点了。因此，销售员不如大方地向客户展示，无论是优点还是缺点，都摆在阳光下晾一晾。

不过，优点的展示自然是非常简单的，正常介绍就可以了。销售员要小心谨慎地呈现缺点，注意运用一些小技巧，通过合适的方法将这些缺点转化成卖点。

案例81　三大"缺点"让"不美观"的月饼留住一个又一个的顾客

每年的中秋节前夕都是月饼销售最快的时候，很多企业会购买大量月饼送礼或发给职员。

这一天，一位来买月饼的顾客一看到徐培的月饼就说："哎呀，你的月饼怎么看上去不太美观啊？"说完转身就想走。

徐培赶忙说："老板，请您留步，您说得很对，我的月饼确实不太美观。这样吧，这块月饼只是最普通的，7块钱一块，我免费请您尝一尝。"

顾客说："这样不合适吧，我尝了你的月饼，不买又不好意思。"

徐培说："买不买没有关系，如果您尝了以后觉得不好吃，那我绝对不会让您买的，就当我们交个朋友。"

于是，顾客就拿起月饼尝了尝。利用尝月饼的这段时间，徐培向顾客陈述了他的月饼的三大"缺点"："首先，外表不够美观是由于没有喷亮光剂，面粉中也没有加入表皮改良剂，另外手工刷蛋黄可能会造成少量的毛刷上的毛掉落；其次，香味不浓是因为使用的是传统秘制茶香糖浆，没有加入香精及其他添加剂，这样虽然会造成饼皮较酥和香味清淡，但细细品尝后会有轻轻的茶香；最后，保质期较短、易发霉是因为没有加入防腐剂，请您严格按要求储存并在保质期内食用完。"

经过徐培的一番解释，结果可想而知。凭着这三个"缺点"，徐培留住了一个又一个顾客，而且还在顾客的推荐下吸引了更多的新顾客。他的月饼销量逐年增多，声誉越来越好。

谁说缺点不能是卖点，就看销售员能不能抓住机会。"丑陋"的甲壳虫、"笨重"的哈雷能备受追捧，谁又能说缺点不能成为卖点呢？不过，利用缺点做文章可不是一件易事，需要销售员用心谋划。

1. 发掘产品缺点背后的利益点

塞翁失马，焉知非福。缺点和优点往往是相互联系的，而且也是可以相互转化的。有些时候，将产品的某个缺点换个角度来看，反而会给客户带来一些好处，因此在营销时，销售员可以把这些利益点发掘出来，加以宣传。

2. 化缺点为个性

某些独有的产品缺陷，有时能够成为竞争对手无法实现的产品个性。这种营销方式就是寻找差异化，让自己的产品具有独特且为客户所青睐的风格和个性。为了实现它，有时可以从某些产品独有的缺陷出发。

3. 以退为进，甘居第二

销售员在推销自家产品时，可以坦白地承认自身产品的某些缺点，承认与行业领先者的差距，这样既能借势行业领先者，又能显示自己的谦逊和努力。

> **销售技巧**
>
> 在信息高度发达的今天，改变销售中自吹自擂的一贯套路，将产品的缺点打造成卖点，既能打破客户的思维定式，带给其焕然一新的冲击感，又能显出真诚、可靠的一面，从而获得客户的尊重与青睐。当然，最终要使用何种方式扭转局面，还需要根据实际情况来决定。

二、客户对产品有偏见：耐心解释，让客户对产品有新的认识

在销售过程中，销售员难免会遇到各种各样的问题，但最让销售员棘手的便是客户先入为主的偏见。人们习惯于以自己以往的经验来分析现在和以后的问题，对待销售也是如此。有的客户对产品有偏见，有的客户对行业有偏见，甚至有的客户对所有的销售员都有偏见。面对这种客户，销售员一定要动之以情，晓之以理，积极化解客户的偏见和误解。

第十章

异议是成交的前奏，化解异议为成交开路

案例 82　冰箱销售员用一个小技巧征服了对产品有偏见的大客户

庚梁刚刚升任华南地区的区域经理就遭遇了一个非常头疼的问题：连续奋战数月，依然未能将自己的 M 品牌冰箱打进广州市场。尽管他经验丰富、成绩优异，但华南市场的僵局还是令他一筹莫展。

作为华南地区的重要门户，广州目前已经聚集一系列国产品牌和进口品牌，竞争激烈。为了打开局面，庚梁多次拜访广州最大的家电经销机构 B 公司，但由于 M 品牌的知名度不高、产品没有什么独特的优势，虽然经过多次洽谈，但仍然没有什么进展。

庚梁知道，自家的产品既缺乏知名度，质量又无法保证，客户自然会戴着有色眼镜来看他的产品。虽然困难重重，但在庚梁的细心观察下，他发现了一个令他感到震惊和不可思议的事情。

三天后，庚梁信心十足地再次叩响了客户办公室的大门。经过漫长的等待后，王总不情不愿地接待了庚梁。王总一见庚梁就没好气地说："我说过不想进你们的货。说实话，即便进了也很难卖。我现在很忙，没有时间和你谈……"

庚梁温和地说："王总，今天我只想耽误您几分钟时间，说完我就走。"

待王总同意后，庚梁便请他与自己做个试验。庚梁带着王总来到公司门口，外面摆放着十台 M 品牌冰箱。庚梁先拉开一台冰箱的门，然后将一张 A4 纸夹在门缝里，"王总，现在请您把这张纸抽出来。"

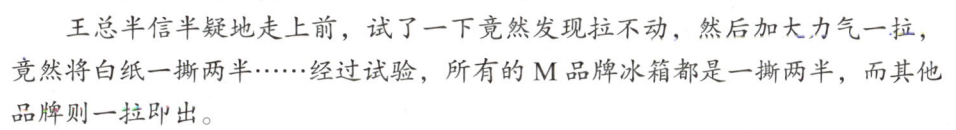

王总半信半疑地走上前，试了一下竟然发现拉不动，然后加大力气一拉，竟然将白纸一撕两半……经过试验，所有的 M 品牌冰箱都是一撕两半，而其他品牌则一拉即出。

庚梁说："其实冰箱最重要的环节就是门的密封程度，因为门不密封就会影响制冷效果，制冷效果不好，就会影响压缩机的正常运作，压缩机运作不正常或超负荷运作的话，就会影响压缩机的寿命……"

王总兴奋地说："你的这一招，绝对胜过任何美丽的广告！去，拿上你的合同书，我决定先打 500 万货款，赶快给我进一批这样的冰箱！"

其实，M 品牌冰箱在总体上跟其他品牌的产品相差不大，唯一的特点就是门。这种门采用了国际最新的材料和制造工艺，所以它的密封程度要比普通冰箱强 10 倍以上。利用这样一个小技巧，庚梁一举改变了客户和消费者对 M 品牌冰箱的偏见，庚梁也打开了华南市场。

> **销售技巧**
>
> 销售员可以采取先扬后抑的方法来消除客户的偏见。当客户提出反对意见后,销售员先在礼节或无关紧要的地方加以赞赏,摆出一副理解对方的姿态,然后再抓住双方看法不一致的那些实质性差异进行详细辩解,维护己方原有的立场,力争说服客户改变看法。

三、客户总是"哭穷":分解价格,让他"不差钱"

为什么卖黄金饰品的总是以"克"为单位去标价呢?为什么西洋参总是说每克几元呢?为什么虫草不用千克为单位呢?对比一下便会一目了然:一克黄金 350 元,一千克黄金 35 万元!一克西洋参 1 元,一千克西洋参 1000 元!一克虫草 200 元,一千克虫草 20 万元!

如果销售员按一千克多少钱报价给客户的话,他们的第一反应就是"真是太贵了!"所以,一克 350 元、一克 1 元、一克 200 元,这样就显得便宜多了,尽管真实的价格仍是一样的。

同样,面对价格较高的产品或在大客户的销售中,价格也可以分解。这样一方面显得销售员做事认真,不欺骗客户;另一方面,分解之后的价格会显得便宜很多,客户更能接受。

案例 83　用价格拆分法"贱"卖昂贵的 HP 打印机

一位顾客看上了一套标价为 7999 元的 HP 打印机,不过他对价格有异议,希望能便宜 2000 元,以 6000 元的价格成交。

导购员李达说:"先生,这款打印机的使用寿命至少有五年吧?"

顾客:"应该差不多吧。"

李达:"好,我们多花 2000 元来买一台可以使用五年的打印机,平均下来一年只需要多投资 400 元而已,您说是吗?"

顾客:"这倒也是。"

李达:"一年仅仅多花 400 元,一个月仅仅多花 33 元。那您算算一天只需要多花多少钱呀?"

顾客沉默了一下说:"一元多。"

李达微笑着说:"先生,您觉得每天多投资一元钱就可以拥有这样一台既便利又全能的打印机,是不是非常物超所值呢?"

销售员采用这种策略报价,能使客户对商品价格产生心理上的便宜感。企业对产品进行定价的时候采用这种方法,无疑能够让消费者在心理上产生价格便宜的错觉,进而调动消费者购买的积极性。另外,在宣传上也可以采用类似技巧,例如"每天一元钱,神奇止咳化痰,轻松解除咽炎气喘。"

> **销售技巧**
>
> 价格分割主要包括下面两种形式:第一,用较小的单位报价。例如,茶叶每千克500元报价每克0.5元,大米每吨4000元报价每千克4元等。第二,用较小单位商品的价格进行比较。例如,"每天少抽一支烟,每日就可订一份报纸。"

四、客户说自己做不了主:刺激他的痛点,使其做出决定

当销售员满怀热情地为客户介绍产品,信心满满地以为交易会达成时,客户却说:"我做不了这个主,得回家商量一下。"这句话犹如一盆冷水浇灭销售员的热情。一般情况下,客户的商量结果是销售员永远看不到的。

有的销售员认为这是客户拒绝购买的一种借口,于是就轻易地放弃了销售;也有的销售员过于急功近利,于是加倍挽留:"这种事情您自己决定就行了。""这么超值的产品您还要商量吗?"结果都是一无所获。

有些人做事缺乏主见,总是依赖、信任别人。他们就像长不大的巨婴,总是把自己当作小孩子,任何决定都要和家人或朋友商量。就算他对产品感兴趣,但在周围人的影响下必然会增加很多不必要的麻烦和变数,因此销售员必须想办法改变这种状况。

首先,和他们聊天,取得他们的信任,然后再询问他们是否成交。面对客户的犹豫不决时,可用语言刺激对方:"先生,这些商品就摆在您的眼前,您试过以后又觉得很满意,为什么要和别人商量呢?难道还有人比您更加清楚这些商品吗?""先生,您没必要总是听从别人的建议,而要做一个独立的人,这对于您的工作和生活都是很有好处的。所以,我们应该根据自己的想法决定买不买。何必听别人的呢?"

这样既诚恳又带有刺激性的话语,可能会促使客户独立决定是否购买。如果没有效果,销售员还可以使用更加刺激的话语,"先生,难道您从来没做过一件属于自己独立思考的事情吗?""先生,难道您要一辈子都依从于他人吗?"在这样的刺激下,客户为了表示自己是一个有独立见解的人,大都会马上购买。

案例 84　客户做不了主？老销售谈笑间轻松解决

陈东是一名保健品销售员，他所在的公司主要做会议营销。这一天，他在一场会议营销中认识了客户老张。

会场上的保健专家课讲得很好，台下的听众也很喜欢听，对产品的疗效也很满意。在确定签单意向时，老张告诉陈东他做不了主，需要征求老伴的意见。

陈东在与老张接触时，发现老张说话做事都显得十分拘谨，显然是一个没有多少主见的人，而且老张多次询问产品的各种问题，应该是有购买欲望的，只是难以决定。

于是，陈东对老张说："张大爷，刚才养生专家讲的课，您应该都能听懂吧？我们知道了养生关键是要体疗、食疗、心疗，但也不能完全忽视保健品的作用。"

看到老张面露犹豫之色，陈东接着说："健康是您和张大娘的心愿，在健康这个问题上，您就是做一次主，张大娘也不会反对吧？您是为了您和张大娘的健康着想，怎么还要回去商量呢？"

老张听后，便从陈东这里购买了三个疗程的产品。

在这个案例中，客户老张是一个性格比较软弱的人，在家里缺乏主导权。因此，当陈东采用激将法刺激他的时候，就会激起他心中的控制欲，这样一来产品销售出去也就简单了。

可见，客户说"做不了主"并不意味着交易就此结束。对于那些心有疑虑的客户，销售员大可以为他们提供决策的信息。不过，销售员也要避免言语太过不堪，如果不小心激怒客户，那可就是"偷鸡不成蚀把米"了。

> **销售技巧**
>
> 很多时候，客户的"做不了主"并不是没有决策权，而是将其作为推诿或者议价的理由，对此销售员一定要分清。比如，客户比较健谈，性格比较强势，如果他说做不了主，那一般就是假的了，此时销售员应采用不同的方式应对。

五、客户觉得价格太贵：声东击西，先说产品再说价格

很多销售员往往会在客户的引导下过早提及价格，结果丧失主动权。其实销售

第十章

异议是成交的前奏，化解异议为成交开路

技巧中处理价格问题的秘诀就是"价格闪躲"。当客户在销售前期提及价格时，销售员首先要"价格闪躲"，引导客户先进入产品试用流程，慢慢地让客户喜欢上产品，最后进行价格谈判，这样才能保持有利态势。

切记，永远不要先报价格，价格只有在客户喜欢上产品之后才有意义。现在很多销售员屡犯"兵家大忌"：主动报出自己的底价。结果不是将客户早早吓走，就是压缩了自己的回旋余地。

案例 85　不同的报价方式带来不同的结果，谁先开口报价谁就输了

顾客："这个 48 寸的高清数码电视机多少钱呀？"

销售员 A："这是最新款式的，4498 元。"

顾客："太贵了！能不能便宜点儿？"

销售员 A："这个是最新款的，不仅有最新的显示技术，还有静电保护技术，自动消除残影技术，而且现在这个价格已经很优惠了。"

顾客："那我还是再看看吧。"

……

顾客："这个 48 寸的高清数码电视机多少钱呀？"

销售员 B："您真是好眼力，您看中的可是现在最流行的、最新推出的款式，不仅有最新的显示技术，还有静电保护技术和自动消除残影技术。但这一款可是不便宜啊！"

顾客"是吗？很贵吗？"

销售员 B 没有回答，而是带着顾客做比较，然后说："您看，这种电视机比其他那些好多了，一分价钱一分货。"

顾客正在仔细地观察这台电视机的独特之处，销售员 B 看到这个情景后，知道火候到了，于是说："要不说您眼力好呢，这个 48 寸，6988 元。"

顾客："是不便宜，为什么这么贵呢？"

借此机会，销售员 B 详细地向顾客介绍了产品的性能和特点，最后交易的达成也是顺理成章的。

当客户询问价格时，销售员就像什么也没有发生过，继续做自己的产品介绍。要是客户再次询价，可以说："请等一下，我马上就会谈到价格问题。"然后继续介绍，直到时机成熟。

当客户第三次询价时，销售员可以说："我很快就会谈到价格，但我想让您了解多一些，这样您就可以发现这是一笔多么合算的交易。"然后用一种友好的口气说："别担心，先听我解释。"

最终准备报价时，销售员还要制造一种悬念。"好了，我知道您现在已经开始喜欢这些产品的优良品质了。我相信，等您发现这笔交易真是物有所值的时候，您一定会激动不已。"稍做停顿后，接着说："好吧，您等了这么久，我现在告诉您价格……"

结果，这个"合理的价格"可能会征服大多数人。

> **销售技巧**
>
> 很多销售员总是抱怨客户对价格太过敏感，殊不知，问题恰恰出在自己身上，是自己受价格影响太深，把客户引入了讨价还价的泥潭。因此，销售员必须摆脱任何形式的价格因素的影响，同时引导客户正确地看待价格问题，强调产品的性能和价值。

六、客户想去别的地方：让其货比三家，还愿意回来购买

在市场竞争日益激烈和广告宣传铺天盖地的情况下，客户对产品和销售员的警惕意识越来越强，于是，"货比三家"成为他们最好的选择方式。不过，这对销售员来说，可不是一件好事，因为货比三家往往意味着一去不返。

那么，销售员应该如何挽留那些"货比三家"的客户呢？很简单，不仅要让他们比，还要教给他们怎么比。

销售员可以设置一种思维的"钩子"，勾住客户的心，让他们货比三家后再度返回购买自己的产品。很多先来这里的客户，在货比三家之后再也没有回来，但所推销的产品可以成为他们购买其他品牌产品的参照或者铺垫。利用这一点，销售员可以通过自己的暗示或指导，向客户传达一种特殊的"辨别"方法，引导客户对其他品牌的产品产生不良情绪，甚至是敌对情绪。

案例86　巧设倒钩，让喜欢货比三家的顾客去而复返

一位顾客走进某陶瓷品牌专卖店，店员许悦走上前去打招呼。

许悦："先生，刚才我们发现您在看陶瓷产品时的目光很专业，您是来帮朋友选购的吧？"

顾客："哦，不是，我是自己买的。而且我也不太懂，就是随便看看……"

许悦："哦，选购这类陶瓷产品确实很有讲究，尤其是现在市场上鱼龙混杂，优劣难辨。您如果不介意，我倒可以教您几招简单的甄别方法，这样您也不至于被忽悠了。"

第十章
异议是成交的前奏，化解异议为成交开路

顾客饶有兴趣地说："好啊！"

许悦："陶瓷产品一看表面，检查瓷面是不是平滑（示意顾客用手背摩擦几下瓷面）；其次是听声音（从口袋拿出一个自制的小铁锤，轻敲几下，让顾客注意听），声音越清脆说明瓷质就越好。"

顾客按照许悦的指导摸了摸又听了听，然后露出一副恍然大悟的神情。其实顾客不过是似懂非懂，但许悦仅仅依靠这个随意的小举动，就把辨别方法巧妙地装入了顾客的潜意识思维中。这种辨别方法就像一个有倒钩的鱼钩，可以使顾客产生返回的念头。

顾客离开后走进了另一家陶瓷专卖店，然后自觉不自觉地采用许悦教给他的方法。他先是用手摸，但用的是习惯性的手心，手心有掌纹，自然不会那么光滑。然后，他又拿出车钥匙来敲了敲，没想到声音一点儿都不清脆。

看到顾客又摸又敲，店员说："先生，请不要乱敲，这个陶瓷很脆的，您这样敲容易坏……"

听到店员的制止，顾客立刻就不舒服了，心想："刚才那家店主动让我敲，你这边却拦着不让敲，肯定质量不行，不敲就不敲！"然后转身出去了……就这样，顾客逛了好几个店都没找到满意的产品，最后又来到许悦的店里。

每个品牌的产品都有自己独特的优势和特点，销售员如果能将自身的卖点当成判断产品优劣的标准，自然能让货比三家的客户乖乖回来。另外，利用竞争对手的弱点或漏洞进行侧面攻击也是一种策略。譬如故意给客户超出常规的待遇，然后让其感觉理所应当，从而让客户对竞争对手产生不满，最终破坏双方的交易。

> **销售技巧**
>
> 大多数产品都有与竞争对手相异的地方，把这些差异点精心设计一下，然后给客户一个通俗易懂并且容易掌握和学习的标准，最后暗示客户按这个标准去衡量竞争对手的产品。这样自然会使客户对所介绍的产品产生好感，对竞争对手的产品产生厌恶情绪。

七、客户害怕产品质量问题：免费试用，消除其对质量的担忧

每个人都想买到物美价廉的产品，可是当真的遇到物美价廉的产品时，却又心生怀疑，觉得便宜没好货。面对这种情况，如何消除客户对产品质量的担忧，就成为销售员急需解决的问题。

在购买产品时，客户最关心的就是质量问题了，不管价格多么便宜，不管品牌

多么知名，只要质量不过关，必然会遭到消费者的抵制。产品质量影响着消费者的健康、财产甚至生命安全，是决定他们是否购买的重要因素。因此，在引导客户购买的过程中，销售员的首要任务就是设法消除他们对商品质量的担忧，让客户买得放心，用得安心。

首先，销售员可以请客户免费试用。百闻不如一试，销售员说得再好，都不如客户亲自试用更有效、更直接。其次，客户试用时，销售员要及时与他进行沟通。一方面介绍产品的情况，一方面指导客户操作，同时对客户提出的问题予以解答，让客户借此更加了解产品，消除内心的担忧。

案例 87　钢琴免费试用——三天卖出一个月的销量

S市某钢琴店推出"钢琴免费试用"活动，参与试用活动的钢琴共计200多台，其中包括Yamaha、Kawai、Apollo等多种品牌钢琴。同时，钢琴店的所有钢琴都有程度不同的优惠。

很多消费者对钢琴不甚了解，常常担心买回去后性能、质量等方面出现问题，白白浪费一大笔钱，因此各个钢琴店的业务拓展都极为困难。比起化妆品、饮料等常有免费试用活动的产品，钢琴的免费试用需要商家投入大量资源，因此很少有销售者敢于开展此类活动。

活动开展不过三天，就有几十台钢琴被送到了客户的家里免费试用，哪怕其中只有三分之一或五分之一的客户最后同意购买，那这次活动都不会赔本。要知道平时一个月也不过卖10台左右，而现在短短三天便有希望达成以往一个月的销售目标。

通过这次钢琴免费试用活动，消除了购琴者对该钢琴店钢琴的质量、性能等方面的担忧，销量节节攀升，这家钢琴店迅速成为S市首屈一指的钢琴专卖店。

产品的质量是决定客户能否长期使用的核心要素，没有人希望自己购买到质量不过关的产品。因此，为客户解疑，让他买得放心、用得舒心，是能否顺利将产品销售出去的关键。

> **销售技巧**
>
> 免费试用的成本控制问题十分重要，一旦处理不当就会弄巧成拙，不仅起不到相应的作用，反而浪费大量资源。因此，如何选择试用客户十分重要，选择过严起不到效果，选择过宽则浪费资源。这点销售者一定要特别注意，要根据产品的特点和市场情况合理拟定合适的试用方案。

第十一章

进退有度，有节奏地扩大销售战果

优秀的销售员应该把握销售的"度"和节奏，学会察言观色，懂得何时"进"，何时"退"，做到进退有度。当销售陷入僵局的时候，不妨先退一步，以守为攻，给自己一些回旋的余地，也给客户一些思考的时间；当形势发生转变的时候，抓住时机，高歌猛进，扩大销售战果。

一、适当让步，有原则地与客户进行条件博弈

销售是妥协的艺术，没有让步就没有成功。无论是销售员还是客户，让步都是达成协议、赢得共识的必要策略。因此，适当让步在销售活动中就成为一项必不可少的手段，它代表着交易双方的复杂博弈。

作为双方为达成协议而必须承担的义务，让步是满足自身利益最大化的一种策略。满足对方需求的目的是为了换取自身的满足，也就是以让步换取目标的达成。

这种利益交换形式要求双方必须尊重对方的利益目标，从双方的共同利益出发，经过多轮让步与博弈后达成一个最优选择。如果销售员一味坚持自己的立场，即使双方存在共同利益，那谈判中的分歧也将难以弥合，双方只能越走越远。

那么，如何让步才能保证销售员自身利益的最大化呢？

有效适度

无谓的让步并不可取，销售员应该借此达成一种目的，或是为了表达一种诚意，或是为了谋取主动权，或是为了迫使对方做出相应的让步。

谨慎有序

一个适当的时机对让步来说至关重要。销售员要抓住时机，将让步做到恰到好处，同时也要避免被对方看出底线。

共同让步

让步是一种妥协行为，需要双方共同进行。只有双方共同让步，才能达成一个令双方满意的结果。如果销售员先行让步，那么在对方未做出相应的让步之前，一般不应再做让步。

谨慎让步

每一项让步都要显得极为困难，让对方感觉到让步是极为不易的，付出了很大的代价，这样才能使让步起到应有的效果。

保持期望

对客户的让步要期望得高些。抱有较高的期望，销售员就会更有耐心和勇气与其争论、博弈，哪怕最后无法达成自己的期望，也能保证利益的最大化。

案例 88　价格谈判陷入僵局，销售高手适当让步破解局面

经过一段时间的接触后，赵总对邵杰的产品表现出浓厚的兴趣，但双方在价格上存在很大争议。

赵总："你们的价格太高了，我们实在承受不了。况且我们公司的电脑现在问题还不大，如果你们的价格太高，那我们只好放弃了。"

邵杰："我们的电脑正在做促销活动，价格已经十分优惠了，您可以去市场上看一下，真的没有降价余地了。"

赵总："我们有几十台的订购量，难道不应该获得一个团购价吗？以你们的价格，我们恐怕只能采购几台了。"

邵杰："不是我不想降，实在是我也没有降价的权力啊，这都是公司规定的价格。"

至此，谈判陷入僵局。

赵总："以你们的价格，我们恐怕无法达成合作了。"

邵杰："现在的高科技产品更新换代越来越快，它可不同于桌子上的这杯清茶，时间越久味道越香浓。我想，对于产品和市场的信息您也是有所了解的，我不必多说了吧。这个价格确实已经很低了，没有降价空间了。"

赵总："这样吧，每台降价 100 元，我就订购 100 台。"

邵杰："您真是个行家，报价也这么有水准。好吧，既然您这么有诚意，那我们就退一步，这次权当照顾老客户，以后希望我们能长期合作。"

双方相互让步的过程不仅仅是单纯的价格让步，还涉及双方在博弈中的感受。如果销售员能给予对方充分的尊重，同时保持一分强硬，这样就比单纯让步有效得多。

销售技巧　让步幅度、让步时间、让步底线和让步次数是让步的关键，销售员要做到：让步幅度越来越小，让步时间越来越长，让步底线坚守不退，让步次数越少越好。总之，销售员要营造出一种让步极为困难的氛围，这样才能让自己的让步取得最大的价值。

二、占据心理优势，在气场上压倒客户

一个成功的销售员必定是一个伟大的心理学家。销售活动从来都不是简单的买卖交易，而是一种从语言到心理的各个方面的博弈。只有能在双方的博弈中占有主

动权的一方才能从容应对，获得最大的收益。

为了获得谈判的主动权，销售员需要建立自己的心理优势，在气场上压倒对方。简单来说，就是让自己成为强势的一方。当然，这个强势不是蛮不讲理或牛气冲天，而是使用各种手段、技巧营造出一种强者的气场。

案例89 不怒自威威慑对手，强势赢得谈判胜利

一天，副总要代表公司与开发商谈判，魏方作为助理也一同前往。一路上，副总与平常的表现没什么两样，还不时地开几句玩笑。但一进入会场，他瞬间收敛起自己的笑容，换上了一副冷冰冰的严肃表情。

一脸威严的副总与对方随便客套几句后，就很快进入了正式的谈判中。魏方在旁边看得莫名其妙，不知道副总怎么这么不高兴，同时也暗暗担心副总的态度会激怒对方。

随着谈判的进行，副总的神情越来越冰冷严肃，有一股不怒自威的慑人魄力。最终对方在激烈的讨价还价过程中败下阵来，做出了让步，副总赢得了这场谈判。

回去的路上，副总又变回了那副轻松的样子。魏方好奇地问："您刚才怎么那么生气？"

副总笑了笑说："谈判开始前，我就知道对方在此次谈判中并不占优势，在讨价还价中不具备太强的实力。因此，我在谈判中的表现就是为了用自己强硬的态度逼迫对方让步，以此赢得谈判的胜利。"

副总通过他强大的气场，占据了谈判的心理优势。正是这种优势逼迫对方不得不让步。

那么销售员应该如何构建自己的心理优势呢？

1. 选择熟悉的环境

一个人在自己熟悉的环境中，比在其他环境中更能收到良好的说服效果，这就是心理学上的"居家优势"。因此，销售员可以充当东道主，邀请客户来自己熟悉的地方会谈。

2. 不要暴露需求感

壁立千仞，无欲则刚。一旦让对方知道我们的真实欲求，就会处于劣势。如果能将自己的真实心理掩盖起来，装出一副毫不在乎的样子，就能激起对方想要促成谈判的心理，使其最终妥协。

3. 声东击西，掩盖真实意图

面对众多议题时，销售员可以不断调整议题与对方进行谈判，在主要议题和次要议题间不停转换，使对方摸不清真实意图。

4. 编造信息

还可以邀请众多谈判者参加，使对方陷入竞争的局面，或者在言谈中向对方透露出其他竞争对手的存在。

5. 文件战术

如果销售员提前准备大量资料和文件，就会使对方产生心理压力，从而信服销售员，这就是文件战术。

6. 展现威慑力

不苟言笑，表情慑人，只在关键时刻发表自己的观点。这样的表现可以让对方倍感压力，使其在讨价还价中不敢过于强硬。

7. 操控话语主导权

销售员一定要保持自信，用自信压倒对手，打动对方，即使在讨论难题时，也应该以积极、自信的态度面对对方。

8. 以强对强

如果对方蛮不讲理、胡搅蛮缠，很难通过讲道理的方式令其转变想法，那么不妨转变策略，突然变得强硬起来，直截了当地回击对方。等到对方被销售者的气势压制而方寸大乱时，销售者就可以以自己期望的方式与对方交涉了。

> **销售技巧**
>
> 对自己气场的把握就是对自己情绪的把握，只有把情绪控制好了，才能在细节上下功夫，提升自己的气场。总之，要学会掌控自己的情绪，这样才能在气场上压倒对方，将会谈的主动权掌握在自己的手里。

三、欲擒故纵，让客户急着和你成交

如果销售员只是一味地步步紧逼，就会给客户带来极大的压力，过多的压力自然会让客户心生反感,从而放弃沟通。与其如此,销售员不如故意放慢速度或先冷淡对方片刻,然后激起对方的兴趣。

销售员可利用欲擒故纵法,暂时淡漠面对客户,解除他们的反感和警惕之心,这样反而更容易推销出自己的产品。

案例90 销售员欲擒故纵,巧妙卖出被"预订"的房子

马晨将甲、乙两处房子的资料都给了客户,等到第二天客户打电话询问时,他说:"您看这两套房子怎么样?现在甲房子刚刚被人看中了,要我帮他留着。您还是看看乙房子吧,其实它也挺不错的……"

本来客户对这两处房产都没有仔细看过,但马晨的话在他心中留下深刻的印象,使他产生了一种"甲房子已经被人订购,肯定不错"的感觉。最后,他略有几分遗憾地挂了电话。

后来几天,客户越看甲房越觉得它好,对乙房越来越看不上眼,于是经常给马晨打电话问他能不能通融一下,把甲房转给自己,反正对方也还没签约。

过了几天,马晨找到这位客户,告诉他:"您真幸运,正巧订购甲房的客户因家人太多,觉得房子有点儿小,想另找一套更大点儿的房子。我一得到这个消息就马上给您留下来了。"

听到这些,客户当然也很庆幸自己能有机会买到甲房。因此,交易很快达成。

面对无法果断决策的客户,销售员不妨制造出一种紧迫感。大部分人都有这样一种心理:越稀有的东西价值越高;越是难以得到的东西越希望拥有;越是被隐瞒的事情越想知道。

既然欲擒故纵有这么好的效果,那在使用的过程中销售员应该注意什么呢?

1. 切勿操之过急

凡事欲速则不达,如果销售员催促过急,可能会使客户变得更加犹豫不决,面对想要让自己掏腰包的销售员,他们当然会十分小心。相反,如果销售员以"无所谓"的态度面对客户,他们反而会主动把钱交出来。

2. 小心露出破绽

销售员一定要谨言慎行,避免被客户看出破绽。例如,销售员先是告诉客户这处房产已经被人看上,再说又被人放弃了,客户肯定会追问:"为什么这么好的房子他要放弃呢?是不是有什么原因呢?"面对客户的质问,如果销售员无法给出一个合适的理由,那自己的谎言瞬间就会被客户看穿,这就等于搬起石头砸了自己的脚。

第十一章
进退有度，有节奏地扩大销售战果

> **销售技巧**
>
> 面对优柔寡断、拖拖拉拉、迟迟无法决定的客户，销售员不妨以退为进，做出一番想要终止交易的样子。这种举止自然会促使对方下定决心，但在竞争比较激烈的情况下，千万不能真的离开客户，即使一时强硬，也要马上联系，以免被其他竞争对手钻了空子。

四、借助第三者的力量游说客户，达成一致

不管销售员将自家的产品夸耀得如何优秀，最后不过落个"王婆卖瓜，自卖自夸"的评价，不仅无法获得客户的信任，还可能增加客户的疑心。如果当销售员夸耀产品时，能有一个"第三者"插足进来，帮着美言几句，这会比销售员说一百句、一千句都管用得多。因此，销售员可以借"第三者"来帮自己说话，更加顺利地完成交易。

敌人的敌人就是朋友，面对同属对立面的销售员，客户与客户之间的信任程度要远远高于对销售员的信任。这是因为客户之间身份平等，没有利益关系，而且他们的目标都是获得物美价廉的产品，尤其是那些已经购买过产品的老客户，他们的意见与评价更有价值和说服力。如果这些老客户能帮销售员说一句好话，那么就会给其他客户带来极大的安全感，同时也会增强客户对销售员的信任感。

乔吉拉德提出的"250 定律"就是"第三者"力量的展现：每一位客户身后大概有 250 名亲朋好友，如果销售员赢得了一位客户的好感，就相当于赢得了 250 个人的好感；反之，如果销售员得罪了一位客户，也就意味着得罪了 250 个潜在客户。

案例91 销售员借力"第三者"，30秒赢得客户的信任

"您好，是王总吗？"

"是的。"

"我叫沈权，××的朋友，是他介绍我认识您的。前几天我们刚通了电话，他说您是非常和蔼可亲的人，他一直很敬佩您的才能。在打电话给您之前，他叮嘱我务必向您问好。"

"客气了。"

"实际上××既是我的朋友也是我的客户，一年前他开始使用我们的产品之后，公司业绩提高了 20%，在验证了效果后，他第一个想到的就是您，所以他才让我给您打电话。"

"是吗？那你能给我具体介绍一下吗？"

"好的，这样吧，明天上午我去您公司拜访您如何？"

"行，那你明天上午来吧。"

通过"第三者"这座桥梁，销售员与客户之间更容易展开话题。有了朋友这层关系，客户的警惕性和不安全感都会大大降低，双方的信任也很容易建立起来。

其实，在现实生活中，我们也可以看到很多类似的案例。例如，有的企业找名人为自己的产品代言，这其实也是一种借助"第三者"帮助自己"说话"的方式。这是因为明星的"名人效应"可以获得更多人的信赖，信赖感产生了，销售业绩也就随之而来了。

最重要的一点是，销售员一定要找对"第三者"。"第三者"不必拘泥于某种形式，既可以是人，也可以是物，既可以是用过产品，并且对产品抱有极大的认可的人；也可以是虽然没有购买过产品，但在其他人的宣传下打算购买的人。

> **销售技巧**　具体而言，借助"第三者"的力量有以下三种好处：获得客户的认可；避免误会，消除不必要的冲突；树立口碑。在使用这种方式时，要根据这三个方面来进行操作，这样才能让"第三者"发挥最大的作用。

五、故意冷淡不理睬，吊足客户胃口

假装"对成交漠不关心，对客户缺乏热情，对销售推三阻四"，以此激发客户探寻销售员真实意图的兴趣。当销售员用漠视的态度面对客户的时候，他们可能会以为销售员的产品很有价值，所以才不重视他们。这样一来销售员就能变被动为主动，获得更大的收益。

一般情况下，那些恃才傲物、自以为是的人更容易被这种方法所吸引，他们对销售员一般都比较轻视，而销售员正好利用他们的自傲心理，在谈话中表现出漠不关心的感觉。

此时，这些客户就会非常想了解销售员为什么会有这种态度，销售员的冷淡与他们的自以为是之间的冲突就是他们对产品感兴趣的原因。最后，当他们购买了产品时，他们满足了，销售员也成功了。

案例 92　巧用竞争者吊足客户胃口，一小时让陌生客户签下百万大单

老实说，这次经理安排给刘嘉的任务确实十分困难——今天中午之前赶到××开发经销商处，晚上八点前拿回一份 200 万元的合同。扣去往返时间，留给谈判的时间不会超过两小时。两个小时让陌生客户拿出 200 万元，简直是个天大的玩笑。

刘嘉硬着头皮到了经销商处，整理好西装领带，拎着包直接往里面闯。面对迎面走来的营业员，刘嘉一脸严肃地问："老张呢？"

营业员看着他，被他的气势震慑住，以为是老板的朋友，不敢多问，犹犹豫豫地往里面一指："在办公室里。"

刘嘉不客气地说："带我去。"

营业员乖乖地带着刘嘉七拐八拐，终于来到老张的办公室。

"我是……"刘嘉刚开口，手机响了，"喂，我是刘嘉。哦，原来是××公司的李总啊。我想我们不用谈了，您还是放弃吧！我们的经销权不可能给你。因为您做低端品牌太久，不利于经营。好吗？哎，算了，算了，晚饭就没必要了，就这样吧。"

刚挂断电话，刘嘉的手机再次响了起来……

刘嘉刚才故意按响手机，装着接了两个电话，既报出了家门，还给出了公司产品热销的假象。等到火候差不多了的时候，刘嘉故意严肃地说："张总，不好意思，事情有点儿多。公司要求开发一批重点县城，推出了一系列促销活动。我们希望能与县里德高望重、资金足、实力强的客户合作。"说着，便把提前准备好的资料递给了张总。

看了刘嘉带来的资料后，张总摇头说："不行，不行……"

10 分钟过去了，刘嘉没说一句话。

"好吧，你这个价格太高，不行。"老张表情痛苦地说"不行"，却没有将资料放下来。

刘嘉自信地笑着说："还有呢，张总？"

张总说："120 万，这么个小县城，指标太高。"

"还有没有别的原因？"

"有啊……"

刘嘉依然一脸冷漠，两个人再次陷入了沉默。

"好了，我时间不多。咱们开门见山，张总您直说吧，把您心中的那个真正的原因告诉我，看我能不能解决。"刘嘉边说边看了看表。

"就是那些原因。铺货、利润提高五个点，费用还要增加。"张总说。

就在此时，刚刚悄悄设定的15分钟的闹钟响了，听起来像催促的电话声。刘嘉低头大拇指一按，手机不响了。

"好的。"两人刷刷地在合同上签上字。

刘嘉拿着合同高高兴兴地给经理做汇报去了。

需要注意的是，即便客户表达出了购买意愿，只要还没签单，销售员都要保持一种满不在乎的状态，否则很容易引起客户的疑心。当然，要想把这场戏演好并不容易，毕竟销售员是在虚张声势。

> **销售技巧**
>
> 故意冷淡不是抱有敌意，对客户的尊敬是必不可少的，既不能过于放松让客户失去兴趣，也不能过分紧张引起他的反感。如果销售员一味地冷淡，那客户就算再有兴趣，恐怕也拉不下脸面来主动接触销售员，因此，给客户留下足够的面子也是很重要的。

六、假装离场，在底线上迷惑对方

假装是一种艺术，更是一门深奥的学问，利用心理学的原理、效应和方法，我们可以迷惑、诱导对方，帮助在与他人博弈的过程中大获全胜。从生活到工作，从男女之情到职场争斗，从销售中的心理博弈，到谈判中的你争我夺，我们都能看到"假装"的身影。

在谈判中，销售员可以使用"假装退出"的方法来向对方施压。首先，销售员可以向对方暗示自己可能会退出谈判，或至少暗示对方其正在考虑其他备选战略。对方迫于压力，可能会有所让步或者透露出更多信息，这样销售员就获得了谈判的主动权。

案例93 假装离席促使"寸步不让"的谈判对手立刻改变态度

某大型中药生产企业A公司由于扩大生产规模，对多种中药材的需求增加，需要寻找新的中药材供应商。于是找到了某中药材供应公司 B 公司，要求其低价供应中药材。但对方自恃实力强大，态度十分强硬，坚决不肯让价，谈判陷入僵局。

A 公司的谈判代表私下了解到 B 公司所提供的中药材质量确属上乘，但最近业绩不佳，这次谈判的成败对他们来说关系重大。如果能顺利签订合同，B 公司将能保证利润的持续增长，否则可能遭遇重大打击。

得到这一信息后，A 公司的谈判代表在谈判桌上寸步不让，声称："既然贵方无意与我方达成一致，我看这次谈判是没有多大希望了。与其花那么多钱，倒不如自己建个中药材生产基地划得来。我会把这个想法报告给董事会的。"说完，A 公司的谈判代表便要离席。

看到这一幕，B 公司的谈判代表在心里叫苦不迭，他立刻改变了态度，主动表示愿意给予最优惠价格。就这样，双方达成了有利于 A 公司的协议。

A 公司的谈判代表抓住了对方急于谈成的心理，假装退出谈判，给 B 公司的谈判代表施加压力，最后夺回了谈判的主动权。当然，案例中的"退出谈判"之所以能起到作用，主要是因为对方业绩不佳，急于求成，否则很难见效。

> **销售技巧**
>
> 使用"假装退出"法的意图是逼迫对方做出让步，使用这种战术时必须要做好"真的退出"的准备，毕竟销售员很难了解对方的真实情况，若预估出错谈判可能会破裂。

七、事先渲染最坏情况，给客户内心制造心理势差

在对别人进行肯定或奖励时，先进行否定或惩罚，这样能给对方带来最大的好感，这就是欲扬先抑定律。这一定律也可以运用在销售活动中。销售员可以事先向客户渲染商品的"最坏情况"，当客户看到真正的商品时，便会觉得情况没有想象得那样糟糕，这样一来对商品的好感也会大幅提升。

案例 94 欲扬先抑，让客户喜欢上"交通不便利"的房子

客户想找一套价钱比较便宜、格局比较好的房子，对其他问题倒是不太在意。孔铭手里有一套比较适合的房子，但就是离车站有点儿远，周围交通不怎么便利。

在向客户介绍的时候,孔铭着重强调了这一点,"先生,这套房子的格局和价钱您应该会满意的,但是交通不太便利,周围没有公交车、地铁线路。"

客户皱了皱眉头,似乎对此略有不满,刚要开口,孔铭说道:"这样吧,咱们先去看一下房子再决定,好吗?"

"好吧。"

客户到了以后发现,房子离车站是有些远,但也没有自己想得那么可怕,而且格局和价钱都很合适。最终客户决定买下这套房子。

销售员在介绍商品的时候,经常可以使用这种"语言魔术",让客户产生一种"比想象中的好多了"的想法,成交自然也就不在话下。

如果销售员总是滔滔不绝地赞美自己的商品,那么当客户发现商品没有那么好时,就会产生极大的失望和反感。相反,如果销售员事先告诉他商品的不足,那么当他看到商品远超想象后必然会感觉物超所值,放心购买商品。

失望来自希望,想要的越多越难以满足。如果事先就抱有最坏的打算,那么意外之喜也会强烈。

> **销售技巧**
>
> 欲扬先抑的"抑",是为了给以后的"扬"做铺垫,因此如何渲染缺点就显得尤为重要。如果缺点太小,那就无法起到相应的效果;如果缺点太大,说不定客户连去体验产品的兴趣都没有了。因此,最好是多渲染一些对客户来说无关紧要、可有可无的缺点。

八、勿锋芒毕露,守好自己的底牌

"木秀于林,风必摧之;行高于人,众必非之。"在与客户沟通的过程中,切勿与客户针锋相对,有时谦虚、低调的态度反而能为销售员带来更大的益处。锋芒毕露总会招人嫉恨,态度谦虚却能让销售员受益良多。每个人都有被尊重的需求,无论是在工作还是生活中,谦虚的态度本身就是对他人的尊重。尤其对销售员来说,在与客户交往时,谦虚的态度总会更容易得到客户的信任与支持。

当销售员与客户在沟通中发生了矛盾时,就算认为自己是正确无误的,也应该采取低调的方式与客户沟通,销售员的谦虚和低调会给客户留下沉稳而值得信赖的印象，客观上对销售产生有利影响。相反，如果销售员锋芒毕露，只能激起客户的反感和敌视。

案例 95　越吹捧越危险，谈判老手被兄妹俩的赞扬"捧杀"，乖乖掏钱

广告牌的更换本来不归顾同管，但他最近正好工作比较少，就被老板抓了壮丁。经朋友介绍，他联系上一家广告牌制作公司。询问价格后，他感觉有些高，但对方就是不让价，无奈之下顾同决定亲自出马。

到了以后，对方很热情地接待了顾同。这家公司是兄妹两人办的，哥哥个子不高，干净朴素，妹妹戴着一副眼镜，脸上一直带着真诚的笑容。

看到顾同做的是教育培训机构的广告牌，妹妹说以后想请教顾同如何学好英语，并说自己一直想出国留学，已经报了新东方的托福课程。哥哥则说自己没有文化，最大的梦想就是让自己的妹妹走出国门，出去好好学习。同时，两个人的言辞中也不乏对顾同的吹捧和赞扬。

这个时候，顾同想好的话全都咽了回去，乖乖地掏了定金。

为什么兄妹二人这么容易地就打消了顾同的杀价念头呢？因为他们故意示弱，让顾同产生优越感，这样顾同就不好意思下狠手。很多时候，销售员的强势会激起客户的反感，故作弱势反倒会让他无从下手。

在与客户沟通的过程中，锋芒毕露、咄咄逼人很难达到想要的结果，客户需要的是低调、谦逊，能帮其处理问题的人。如果销售员能保持谦虚低调的态度，就能给客户留下沉稳、可靠的印象，保证沟通的顺利完成。

销售技巧　在销售过程中一定要记住：不要认为自己比客户聪明；为对方叫好是一种涵养，更是一种智慧；做人不可恃才傲物、锋芒太露，多给客户展示的机会；简朴是做人低调之根本，也是博取客户信任的重点；高调做事，低调做人，便可峰回路转。

第十二章

主动出击找契机，踢好成交的临门一脚

很多销售员的前期准备工作做得很好，最后却迟迟无法成交，其实这就是销售员的一种心理自我设限。成交的阶段是销售员帮助客户下决心的最好时机，但很多人在这时往往不敢催促客户成交，害怕吓跑客户。其实只要进入这个阶段，就必须主动出击，用各种催单方式促使客户成交。

一、满足客户心理价位，留住客户脚步

一开口报价就将客户吓走？产品质量上乘却得不到客户的认同？其实，销售者需要做的就是满足客户的心理价位，这样便能留住客户的脚步，为成交创造机会。

满足客户的心理价位并不是说要一味地降价，而是设定一个合理的定价。很多销售者忽略了定价的重要性，所以明明自己的产品质量不错，却依然无人问津。做好定价不仅能使销售者获得高额利润，还能满足客户的心理价位，让客户高高兴兴地掏腰包。

案例96　相同价格无人问津，比较定价顾客蜂拥而至

某电子游戏机专营店购进了几千台质量和性能大致相当的游戏机，但商品上柜后几乎无人问津，这让店老板忧心不已。

后来，店老板将原来都卖100元的大小两款游戏机变动了一下价格标签，大游戏机的价格继续保持在100元，而小游戏机的价格则提高到了200元。

这么一改，奇迹发生了。当人们发现与小游戏机性能相当的大游戏机只要100元时，蜂拥而至抢购大游戏机。同时，也有一些顾客认为，既然质量相当的游戏机价格差这么多，那一定是因为大游戏机的质量不好，肯定有问题，于是他们便花钱去买更贵的小游戏机。

结果，有人买走了便宜的大游戏机，有人买走了高价的小游戏机，而店老板则收获了丰厚的利润。

这个案例中的店老板正是利用顾客的心理巧妙定价，才使自己的生意红火起来。因此，在销售过程中，销售者一定要掌握基于客户心理的定价技巧。下面是几种比较常用的利用客户心理的定价技巧。

利用"特价"促销　　先说价值再说价格　　巧用中间价位

1. 利用"特价"促销

消费者都有占便宜的心理，所以许多产品一旦被贴上"特价"的标签，销量会增加许多，哪怕其价格与原来相比并不便宜，客户还是会买得不亦乐乎。但是，销售者也不能滥用优惠特价，否则会适得其反。

2. 先说价值再说价格

价格是商家与客户之间的一个障碍，而性价比则是消除障碍的最好手段。虽然客户都希望产品的价格越低越好，但他们更希望自己所购买的产品物超所值。先介绍产品的性能，让客户意识到产品的价值，然后再去给客户报价，这样对方就会比较容易接受报价。

3. 巧用中间价位

当同一种类型但不同层次的三种价位的产品摆在面前时，多数人会选择中间价位，所以，在销售中销售员可以利用这一点来掌控客户的心理，让他们心甘情愿地按照销售员的安排行事。

> **销售技巧**
>
> 在给客户打折时，最好是用数字而非百分比来计算，这样便能显得优惠更多。比如，原价500元的商品，"打八折"远远没有"便宜100元"更有吸引力。当然，销售员收取手续费时则要讲百分比，这样会让顾客感觉少掏很多钱。

二、现场演示，打消客户对产品的疑虑

做销售从来都不是一帆风顺的，成功的路上总会伴随着各种磕磕绊绊，客户的疑虑和异议总会不断出现。因此，作为一个与形形色色的客户打交道的销售员，要掌握好客户的异议点，应设法打消客户的疑虑，这对销售能否成功起着至关重要的作用。

对于那些性能特点及使用效果比较容易展示的产品，销售员可以采取现场演示的方法，将产品的性能特点及使用效果等展现在客户面前，用产品的实际效果彻底打消客户心中的疑虑，使客户心服口服，从而不再坚持异议。

案例97　净水机商家"变戏法"，自来水变"浑浊水"

蒋星的店开业快一个月了，却一单都没有卖出，这让他很着急。后来，他想到厂家有演示机，于是就从厂家买了一台演示机，专门选定个周末，在人最多的时候进行演示。

第十二章
主动出击找契机，踢好成交的临门一脚

蒋星在自来水里放些有颜色的东西，如果汁、墨水，有颜色的水经过RO膜净化处理，马上变成了十分干净的水。他一边演示一边讲解，很多人看后都觉得非常神奇。蒋星对围观者说这里卖的净水机和这些演示机都是一样的效果，并打开机箱请他们观看。

不过，有的人说家里的水很干净，不需要净化。于是，蒋星拿出了另一件法宝——水质电解器。他分别在透明的一次性水杯里倒入自来水和纯净水，然后把电解器插进两个杯子里，通电一分钟后，纯净水不变色，而自来水则变成了黄红色，而且很烫。

蒋星给大家解释道："这说明自来水里杂质太多，有重金属、铁锈、胶体等，通电后它们导电了，所以才会发热、变色。"

事实胜于雄辩，在场的人基本上都相信了他的话。有位阿姨更是当场表示要买一台，并且下了200元的定金。过了几天后，这些老面孔又出现了，他们分别购买了不同价位的机型。以后只要是节假日，蒋星都会趁着人多的时候不厌其烦地给人们演示净水机的净化功能，他的生意也越来越好。

由此可见，现场演示已愈发成为一种重要的促进销售的方法，而销售者也应该对此抱有足够的重视和准备。那么，销售者应该如何准备自己的现场演示呢？

1. 突出演示重点

首先要突出最能吸引客户的主要优点和利益点，例如演示某杯子"摔不烂"等特点，其推广员经常邀请客户拿起杯子往地上摔、用脚踩。

2. 趣味性强

现场演示就像一场表演，必须要吸引观众，才能起到应有的效果，而趣味性则是其中最重要的一点。富有趣味性、带有戏剧性的演示，才能扣人心弦、引人入胜。

3. 创造良好的现场气氛

可以利用叫卖、条幅、吊旗、堆码、电视机等辅助销售工具，进行现场气氛的渲染布置。另外，一个好的演示还要考虑让客户参与其中，以实现良好的现场互动氛围。

4. 演示规范

规范、整齐的东西往往能带给人一种很舒服的感觉，演示也是一样。整齐划一的演示道具、干净整洁的台面、大方得体的穿着，不仅能获得客户的好感，还能提升品牌形象。

> **销售技巧**
>
> 影响现场演示活动效果的因素：销售员的仪表占 35%，商品的品质占 26%，商品的价格占 19%，精彩的演示方法占 20%。另外，要提高演示的成交率，还可以组合运用 SP 手段，如赠品、特价促销、限量销售等。

三、学会让利，双方各退一步

鲁迅说过："世上本没有路，走的人多了，也就成了路。"在一个本来没有路的地方，如果我们不懂得"让利"，只想一个人走，不愿意让别人走，那么我们的路就会越走越窄。只有懂得"让利"，允许别人也来走，路才会越走越宽，越走越快。

人生需要"让利"，做销售同样需要让利。只有懂得让利于人，生意才会长久，买卖才会越做越大，钱才会越赚越多。真正懂得财物的人能得能舍，能舍能受。

案例 98　做生意需学会"让利"，这样才能淘到别人淘不到的古董

著名收藏家、古董鉴赏家马未都，在收藏界素有口碑。他总是能淘到别人淘不到的古董，买到别人买不来的宝贝。那么他的成功秘诀在哪里呢？用他自己的话来说，就是要懂得"让利"。

马未都在遇到自己中意的古董时也会砍价，但不会特别过分，更不会逼到让卖者无钱可赚的程度。恰恰相反，他会根据自己专业的判断，在合理价格的基础上主动加一些，让对方多赚一点钱。

这样一来，卖古董的人就会觉得马未都好说话，和他做买卖不会亏本，还能多赚一些。以后手里再有其他古董和宝贝，他们都会首先联系马未都，只有马未都不要了，他们再去联系其他买家。这就是马未都总能先人一步，占领先机的法宝。

道理看似简单，做起来却不容易。每个人都追求自身利益的最大化，都想多赚一些。可在很多情况下，销售者多赚就意味着对方少赚甚至亏本，久而久之自然没

人愿意与其合作了。

让利看起来是"舍",实际上是"得",适度计利,让客户受益,换来的是客户的尊重和更高的购物热情。

销售实际上是一种人际互动,只有懂得让利、善于让利,才能完成皆大欢喜的交易,才能赢得客户的信任,为企业招来人气和财气,也为自己带来业绩和收入。

> **销售技巧**
>
> 不过,在现实生活中能够主动让步、主动吃亏的人实在太少了,这既是因为人们很难拒绝摆在面前的利益诱惑,也是因为人们缺乏高瞻远瞩的战略眼光,不能舍眼前小利而争取长远大利。因此,如何平衡眼前利益与长远利益的关系,值得销售者深思。

四、给客户留一点悬念,客户会更迫不及待

电视台在播放电视剧时,首先播出第一集,在结尾处留下一个悬念,让观众迫不及待地想要看第二集;然后又在第二集的结尾留下一个悬念,让人情不自禁地想要看第三集……每集结尾的悬念将观众深深地吸引,引诱他们迫切地想知道后面的答案,所以追剧才会有那么大的吸引力。

结尾悬念的作用就是不断地引诱,换句话说,就是不断地给人们贡献价值,但每次不是全部展示,而是留下诱惑,让人们不停地追逐,直到最后完结。

销售与此有异曲同工之妙,销售员在与客户会谈的时候留个悬念给他,这样就让他对交易充满期待。"逢人只说三分话",销售员不必把所有的底牌都亮出来,而要始终留一丝悬念,让他迫不及待地想一窥究竟。

案例 99 谁是马师傅?不会设悬念的销售不是好销售

晚上的黄金时段,某电视频道上出现了这样一则广告:大西北的公路上了无人烟,一个小伙子想搭顺风车。此时,一辆汽车由远而近地驶来,停在小伙子面前,车里面一共有五个人。小伙子向车里问:"知道马师傅吗?他来了吗?"车上的人都一脸茫然地看着他,心里想:谁是马师傅?

不仅他们茫然,电视机前的观众也在纳闷:"谁是马师傅?这位马师傅到底是干什么的?广告怎么没有说明白呢?"

第二天的同一时间，马师傅的广告如约而至。大家再次认真地看了一遍，想找出一些端倪，可还是一无所获。此时，大家都充满了好奇，于是纷纷上网搜索马师傅，但只找到了一些不相关的内容。此后很长的一段时间里，大家都沉浸在马师傅的故事中，对结局充满期待。

一个月后，大家盼望已久的马师傅终于露面了。同一时间的电视里传出了这样的信息："朋友们，马师傅来了，大家久等了！"原来，马师傅是一种产自马来西亚的润滑油。到此，悬念终于揭开了神秘的面纱。

其实，巧设悬疑这种事情很好理解。正如说书人的"欲知后事如何，请听下回分解"一样，在好奇心的推动下，客户才会更感兴趣。

那么，销售员应该如何巧妙地设下悬念呢？

首先，悬念的主体必须是目标主体、产品、价格等。其次，销售员要学会讲故事，以故事加强代入感，让客户体验整个销售过程，这样才能通过悬疑引起客户的好奇心。

> **销售技巧**
>
> 设置悬念的目的是为了满足客户的心理需求，这一点千万不能忘记。任何脱离了客户的悬念都是假大空的，都是没有任何意义的。试想一下，如果客户对设置的悬疑不以为然，那销售员在客户眼里不就成跳梁小丑了吗？

五、引导客户许下承诺，让客户自己说服自己

心理学上的"承诺和一致原理"认为："一旦我们做出了某种承诺，或是选择了某种立场，就会在个人和外部环境的压力下迫使自己的言行与承诺保持一致，尽管这种行为有悖于自己的意愿。"

没有人希望被别人认为是言行不一的人，在群体和舆论的压力下，我们往往会选择履行自己的诺言，不仅如此，我们还会以实际行动来证明自己以前的决定是正确的。

这种心理反应到生活中就是，一旦客户选定了某一品牌的产品后，他就会对这种品牌产生好感，不仅欣赏有加，而且四处向朋友推荐，成为其忠实拥趸；当我们购买了某一品牌的手机后，就会对其倍加推崇；就算我们偶尔失误，买到了不符合自己心意的产品，也会因自己做出的承诺而勉强接受下来。

在大多数消费者眼里，无论出于何种原因，推翻自己刚刚做出的承诺，都会留

下言而无信的不良印象。商品的缺点远远不及违背承诺带来的负罪感。因此，人们常常对自己购买的商品不尽满意，但又不好意思退货，只好勉强接受。

很多商家常常利用这个原理，诱使消费者许下某种承诺，然后自己说服自己，比如宝洁公司的征文比赛。

案例 100　主动承诺的力量："我喜欢"变成我真的喜欢

宝洁公司常常会举行一些征文比赛，要求参赛者写一份简短的个人声明，以"我为什么喜欢……"开头，然后极力吹捧宝洁公司的某种商品。最后，宝洁公司会对所有的参赛作品进行评选，获胜者可以得到丰厚的奖品。

为了赢取奖品，参赛者都会挖空心思地找出产品值得夸耀的优点，文章中极具赞美之词。结果，那些他们并不了解甚至从未使用过的产品，都在不知不觉中成为"最喜欢的"产品。

在"承诺和一致原理"的影响下，一旦今后需要购买这方面的产品时，他们首先考虑的就是宝洁公司的产品。

人们一般都对自己做出的承诺抱有极强的认同感，哪怕明知自己是错的，也要保持行为的一致性，因为承诺已潜移默化地指导了思想。如果这个承诺是我们主动做出并积极参与的，那效果将更加明显。

> **销售技巧**
>
> 在提问客户时，销售员可以采用让客户自己确认的方式作为对话的结尾，这样才能够完成一个有效的承诺。换言之，销售员一定要以封闭式的提问进行收尾，比如"是吗？""可以吗？""对吗？""认可吗？"等，引导客户做出肯定性的承诺。

六、让客户顺便买到互补商品，扩大销售量

互补商品是指两种或几种共同满足消费者同一欲望的相关商品。在消费者的爱好、货币收入和其他商品价格保持不变的情况下，如果商品甲价格的下跌引起对商品乙需求的增长，那么商品甲和乙就是互补商品。也就是说，甲乙两种互补商品的需求量成正相关。

简单来说，互补商品就是指必须组合在一起才能满足人们的某种需要的两种商品。例如，钢笔和墨水、羽毛球和球拍、汽车和汽油、打印机与打印纸等。这种组合对销售有着很大的意义。

当客户购买了某种商品时，他也就"不得不"购买其互补品；即使他不从我们这里购买，也要从别人那里购买。因此，这种互补商品就成为销售员的首选追售商品。

案例101 "聚件成套"显奇功，顾客欲罢不能

日本某公司主要经营瓷器生意，其高级瓷器在日本非常畅销，于是公司董事长准备把业务拓展到美国去。

通过对美国大众习惯心理和消费行为的分析，董事长在头脑中形成了一套完整的销售计划，那就是以超市为中心，开拓市场，扩大销量的"聚件成套"计划。

首先，在超市推出四个一组的陶瓷咖啡杯，同时赠送四个咖啡碟子。然后，当咖啡杯销量上去的时候，再以较高的价格开始出售糖罐，因为喝咖啡要加糖，所以买了咖啡杯就要买糖罐。最后，当糖罐也卖出相当数量的时候，再以更高的价格开始出售陶瓷调羹、托盘和碟子。前后三次推出的这几种产品在花样、色泽、质地、风格等方面都完全一样，正好可以配成一套喝咖啡的用具。

美国是个咖啡消费大国，而且他们对日常用具很讲究配套和特色。于是，董事长先以低价和馈赠吸引美国顾客的购买，再以高价出售配套的糖罐、调羹等，利用美国人对日用品讲究配套的心理特点，分阶段地实施销售计划，使美国人欲罢不能，最终达到了扩大瓷器销售量的目的。

互补商品的促销不适合以"优惠"的名义来实施，而应该先提升客户的"欲望"，让他们对产品产生强烈的需求。之后，销售者可以提出某种根据，证明"本产品只能匹配本互补品"，这样客户的选择空间就大大缩小了，为了更好地完成自己的"消费目的"，他就只能选择销售者的产品。

> **销售技巧**
>
> 没有汽油的汽车根本无法行驶，没有汽车的汽油则没有什么用处。汽车和汽油就是两种互补商品，两者缺一不可。因此，销售者在销售互补商品的过程中，只要勾起客户对其中一种产品的好奇心或者兴趣，促成交易，那么另一种产品的销售就会变得十分简单。

七、捆绑销售，用价格优惠多卖货

买房送花园、买房送车位、买房送户口、买房送家具、买房送装修……楼房与车位捆绑销售，手机与电话卡捆绑销售，牙膏与牙刷捆绑销售……这些都是典型的捆绑销售。

捆绑销售是指两个或两个以上的商品进行搭配销售，一般包括三种方式：优惠购买，客户在购买甲产品时，可以用比市场上优惠的价格购买到乙产品，如"加一元换购"；统一价出售，产品甲和产品乙不单独标价，按照捆绑后的统一价出售，如"床上四件套"；统一包装出售，产品甲和产品乙直接放在同一包装里出售，如运行系统的自带应用。

案例 102 "买膏药贴，赠按摩器"，电动振动式按摩器的疯狂销售策略

吴天代理了某电动振动式的按摩器，他信心满满地采购了大批产品，随即疯狂地发广告传单、沿街推销，结果一个月下来也没有卖出几台。苦思良久后，他改变了自己的销售方式。

首先，他采购了一批自发热式的止疼中药膏药贴（批发价 2.5 元/贴，零售价 10 元），然后在宣传单上大力宣传中草药止疼贴的功效，并在宣传单上标注，持此进店可免费领取一盒价值 10 元的特效中药止疼贴。

没过多久，陆陆续续来了很多上门免费领取膏药贴的顾客。于是，吴天指导他们如何通过按摩穴位来更有效地配合膏药贴的使用，从而更有效地治疗疼痛，同时让大量的顾客见证按摩穴位配合膏药贴的药效，以此引出电动振动按摩器，引导顾客购买电动振动按摩器来代替手工按摩穴位，并体验电动振动按摩器的神奇效果。

当顾客犹豫不决时，吴天说："大爷，您今天还可以免费获得一台电动振动按摩器。只需要购买两个疗程三十贴的膏药贴，就可免费获得价值 298 元的电动振动按摩器一台。本次活动电动振动按摩器数量有限，送完即止。您先在这个名单上签个名，我给您保留一个名额。"说完，他拿出一本订购单子让客户签字付钱。

就这样简单地变换了一下销售方式，电动振动按摩器便疯狂热卖，吴天也大赚了一笔。

在这个案例中，吴天首先宣传按摩点穴配合膏药贴使用，效果有效，进而引出电动振动按摩器，并将振动按摩器与膏药贴捆绑销售，让顾客产生占了大便宜的感觉。然后，强调赠品数量有限以制造出稀缺性和紧迫感，迫使顾客们疯狂抢购。于是，吴天的生意越来越好。

捆绑销售主要有两种作用：一是降低销售成本；二是抢占市场，增加销售额。捆绑后的产品价格比单件产品价格便宜，这会使原本打算购买相似产品的消费者转而购买该产品，使原本打算购买单件产品的消费者增加购买量。

> **销售技巧**
>
> 强迫性捆绑消费，就是消费者在买某件商品的同时商家强制性地搭配另一件商品一起出售。这种行为不仅会影响商家的自身信誉，更有可能触犯法律。因此，销售者在采用捆绑销售时，一定要在合法的范围内合理地使用这种销售方式。